De ongedeelde stad / The Undivided City

Jacqueline Schoemaker

Onomatopee 75.2.2 • Cabinet Project

inhoudsopgave / table of contents

1

Je zet een punt op een topografische kaart van de stad, of toch op de kaart van het gebied dat binnen de lijnen ligt waarvan in de legende staat dat ze de gemeentegrens van de stad aanduiden. Je zet het punt op de kruising van de lijn die de gemeentegrens in het noorden aanduidt en de meest westelijke verticale rasterlijn die op de kaart binnen de gemeentegrens ligt. De rasterlijn ligt niet binnen de gemeentegrens op dezelfde manier als een weg of een wijk of een park binnen de gemeentegrens liggen. De lijn maakt geen deel uit van de betekenis van de gemeente maar van het coördinatenstelsel van de kaart. Bij het zetten van het punt ga je uit van de tekening van de kaart, niet van de betekenis van de stad. Je kent het punt niet. Je kent de stad niet. Je ziet alleen dat er lijnen kruisen op de kaart, en je leest het woord 'gemeentegrens' in de legende en je ziet dat het hoort bij die omtrekkende lijn.

Vanaf het punt dat je geplaatst hebt, trek je een rechte lijn naar beneden, over de rasterlijn, tot waar deze kruist met de omtrekkende lijn die de gemeentegrens in het zuiden aanduidt. Twee centimeter naar rechts, naar het oosten op de kaart, wat overeenkomt met 500 meter in de fysieke ruimte, zet je weer een punt en trek je weer een rechte lijn, parallel aan de eerste, met weer de gemeentegrens als begin- en eindpunt. Zo ga je verder met lijnen trekken, tot je bij het meest zuidoostelijke punt komt. Je trekt de lijnen met een dun rood pennetje, zodat zij duidelijk zichtbaar zijn. Je hebt nu een topografische kaart van een gebied dat afgebakend wordt door een omtrekkende lijn en met binnen die omtrekkende lijn elke 500 meter een dunne rode rechte lijn van noord naar zuid. De lijnen hebben geen betekenis.

Er is geen snelle verbinding tussen de plaats waar je bent gaan zitten om het eerste punt op de kaart te plaatsen en het meest noordwestelijke punt van het door jou gedefinieerde gebied. Snelle verbindingen zijn er tussen het centraal station en de luchthaven, tussen het hotel en het kantorencomplex, tussen de universiteit en het centrum. Op de kaart is elk punt gelijkwaardig aan elk ander punt, maar binnen de betekenis van de stad is het meest noordwestelijke punt geen logische plek om naartoe te gaan. Je neemt een trein, een bus, je weet niet precies waar je moet uitstappen. Er is geen herkenningspunt. Je loopt een stuk, zoekt op de kaart. Je doet er lang over om bij de plek te komen. Je bent er nog nooit geweest. Het zou het meest noordwestelijke deel van de stad waarin je woont kunnen zijn, maar ook dat van een andere stad. Je neemt de plek in je op. Dan begin je te lopen naar het zuiden met de topografische kaart in de hand, de eerste rechte lijn die je daarop getrokken hebt met het rode pennetje zo nauwkeurig mogelijk volgend.

De weg gaat bijna nergens recht van noord naar zuid, dus je loopbewegingen gaan min of meer zigzag. Min of meer. Je maakt een onregelmatige zigzagbeweging terwijl je loopt. De rechte lijn, de lijn op de kaart, snijdt door huizen en kantoren, spoorlijnen, water, afgezette industriegebieden, wegen in aanleg, stukjes bos zonder paden, de autobaan. Om zo dicht mogelijk op de rechte lijn te blijven, moet je steeds omlopen, soms nauwelijks, een hoekje om, soms lang, wel een kilometer. Aan de randen van de stad, zo merk je, zijn er weinig wegen en andere doorgangen, zodat je zigzagbeweging daar groot is. Je zorgt er altijd voor dat je zo dicht mogelijk op de rechte lijn loopt die je volgt. Nadat je hebt vastgesteld dat de rode rechte lijnen die je getrokken hebt op de kaart betekenisloos zijn, en dat het beginpunt binnen het stedelijk gebied geen logisch punt is om naartoe te reizen, is nu de vraag die je bezighoudt terwijl je loopt: wat is zo dicht mogelijk? En bijgevolg: wat is mogelijk?

Je loopt overal waar je kunt, behalve op plekken waar toegangstijden en/of entreeprijzen gelden, of waar je je aanwezigheid kenbaar moet maken, waar je je moet identificeren. Je loopt overal waar je altijd, anoniem en kosteloos kunt gaan. Of de weg bedoeld is om op te lopen, maakt niet uit. Je gaat over bruggen en sommige parkeerplaatsen; door gaten in hekken en heggen; door die stations, parken en sportvelden die niet afgesloten worden gedurende een gedeelte van de dag of nacht; in de berm langs de doorgaande weg waar geen stoep is; door bosjes zonder paden als ze niet te dicht begroeid zijn om er te lopen. Je gaat niet door het recreatiegebied, het park, de begraafplaats waar openingstijden bij staan; niet over parkeerplaatsen en andere plekken waar een portier of bewaker vraagt wie je bent en wat je komt doen of waar je alleen met een pasje toegang hebt. Om deze plekken loop je heen, en je gebruikt de eerste mogelijkheid die je tegenkomt om je weer in de richting van de lijn te begeven die je moet volgen. Wat mogelijk is, wordt dus bepaald door noodzaak. Door de afbakening, de beperking van de rechte lijnen.

Je kiest niet waar je loopt. Je kunt niet afgaan op je verwachtingen, op wat je interessant lijkt, of makkelijk, of avontuurlijk, of mooi, of juist lelijk. Je begint bijvoorbeeld 's ochtends in het noorden bij de ring. Dan volgt een woonwijk, dan een industriegebied. Als je bij het water komt, kun je niet rechtdoor maar moet je omlopen tot aan de brug. Je gaat de brug over. Aan de andere kant van het water loop je terug tot aan de hoogte van de lijn die je volgt, dan ga je verder naar het zuiden. Een wijk met kantoorpanden, een sloot, een woonwijk, een spoorlijn, een parkje, een woonwijk, een winkelcentrum, een woonwijk, een nieuw te bouwen woonwijk, een spoorlijn, een recreatiegebied aan de zuidgrens van de stad. Je loopt langs de zuidgrens 500 meter naar het oosten, en gaat langs de volgende rechte lijn weer naar het noorden. Je komt weer door het recreatiegebied, ditmaal langs de rand. Dan weer de spoorlijn, maar hier kun je er niet onderdoor of overheen, zodat je terug moet lopen naar de plek waar je er eerder die dag wel onderdoor kon. Aan de andere kant van de spoorlijn ga je weer naar het oosten, terug naar het punt op de lijn die je nu volgt. Een woonwijk, een doorgaande weg, een woonwijk, een sloot, een woonwijk, een sloot, het gebied met de kantoorpanden, het water, de brug, de rand van het industriegebied, een woonwijk, een doorgaande weg, een woonwijk, de ring, volkstuinen, een golfbaan, de grens.

Het lopen gaat traag. Je denkt niet na over het aantal kilometers, over het verschil tussen het aantal kilometers dat gevormd wordt door de rechte lijnen en de afstanden die je in werkelijkheid loopt. Je maakt je geen voorstelling van het einde van de lijn. Je focust op de dingen direct vóór je, naast je, onder je, dingen die je niet zou zien als je met de auto was of zelfs de fiets. Je komt op plekken waar je niet zou kunnen komen met de auto of zelfs de fiets. Je hebt geen overzicht. Je geeft je over aan de fysieke ruimte op dat moment. Meer is er ook niet. Van alle manieren van transport komt lopen het dichtst bij stilstaan. Je gaat het langzaamste van iedereen. De meeste mensen zijn op weg naar iets terwijl jij bezig bent je er met elke stap van te verzekeren dat je zo dicht mogelijk op je te volgen lijn loopt. Je neemt alles wat je ziet met dezelfde graad van concentratie in je op. Dat probeer je tenminste. Net zoals op de kaart elk punt gelijkwaardig is aan elk ander punt, probeer je dezelfde waarde te hechten aan elke plek, de logica van de rechte lijn volgend in plaats van de routes die met de betekenis van de stad te maken hebben. De belangrijkste vraag die je jezelf stelt is: kan ik hier door? En je neemt de consequentie van het antwoord. Als het kan, moet het. De onzekerheid over waar je uitkomt, en wanneer, aanvaard je.

De traagheid waarmee je door elk gebied komt, maakt dat gebied anders voor jou dan het is voor de mensen wiens tempo is aangepast aan de omgeving. Je ondervindt dat sommige plekken helemaal niet bedoeld zijn om al lopend te benaderen: het voetbalstadion, de staalglazen kantoortorens, behoren vanaf de autobaan gezien te worden. Ze verliezen hun allure als ze waargenomen worden vanaf het smalle pad vlak langs hun flanken waar je op loopt. Je kijkt tegen niets meer dan een blinde muur aan, of ziet alleen de poten waar het gebouw op staat. Er is geen totaalbeeld. Je bent in een omgeving waar mensen alleen met de auto aan komen rijden en zich met pasjes toegang verschaffen. Ook in het havengebied word je geconfronteerd met je misplaatste aanwezigheid daar als voetganger. Je loopt kilometer na kilometer, om niets. Je loopbewegingen staan in een niet gekende verhouding tot de omgeving. De haven is niet ingericht voor voetgangers. Fietspaden zijn er wel. Bushokjes ook, soms op de meest desolate plekken, soms bij een handjevol kantoorgebouwen met een dienstregeling van maandag tot vrijdag tussen 8 en 18uur, soms langs wegen waar niet eens een stoep is. Je komt langs bouwwerken die je als vanzelfsprekend zou aannemen vanuit een autoraam maar die je nooit plaatst ten opzichte van jezelf als loper. Je bezit geen mechanisme om jezelf te plaatsen ten opzichte van de bouwwerken in dit gebied. Als je later, veel later, door de smalle straten van het centrum van de stad zult lopen, plekken die wel bedoeld zijn om te voet te beleven, zul je merken dat je daar geen beroep meer doet op het mechanisme waarmee je jezelf eerder wel plaatste ten opzichte van je omgeving. Je zult ook daar in een vreemde plaats zijn.

Het tempo waarin je door de stad loopt, maakt dat je je eigenlijk buiten de stad begeeft. Terwijl je op dezelfde weg bent als de automobilist, ben je in een andere ruimte. Het valt je op hoe gewelddadig het drukke verkeer is, hoe vermoeiend het lawaai als je een tijdje langs een verkeersader loopt, hoe dwingend de haast, de snelheid. Hoe dwingend dat wat mobiliteit genoemd wordt, dat wat mensen op hun plaats houdt via zo efficiënt mogelijke verbindingen binnen de economische ruimte van wonen, werken en recreëren. Je kunt niet mee met het gangbare tempo. En buiten het gangbare tempo is er van de stad weinig over.

Je gaat nergens naartoe. Als iemand je onderweg vroeg waar je naartoe moest, bijvoorbeeld als je over de kaart gebogen stond om te kijken welke route het dichtst bij de rode lijn liep, zou je daar geen antwoord op kunnen geven. Je zou kunnen zeggen, nergens naartoe, ik volg zo nauwkeurig mogelijk een rechte lijn. Of, de kortste weg van zuid naar noord tot aan de gemeentegrens. Of, het is niet zo relevant waar ik naartoe moet maar kunt u me zeggen of ik er aan de andere kant van dit terrein weer uitkan. Of, ik kan u hierop geen antwoord geven maar kunt u me zeggen waar het noorden is. Of, ik moet naar het noorden maar kunt u me aanduiden op deze kaart waar ik ben. Ook op de vraag of je iets zocht, als die je gesteld werd, zou je geen antwoord hebben. Hoe onuitlegbaar dit ook is aan degene die je vroeg of je iets zocht, je zoekt niets. Zoeken is het gevolg van een verwachting en die heb je niet. Je zoekt misschien de weg naar het noorden, maar je verwacht niet in het noorden iets bijzonders te vinden. Je zegt dus maar niets.

Je loopt alleen. Het is als je alleen loopt, dat je merkt dat er je altijd iemand voor is gegaan, dat je altijd in de voetsporen loopt van een ander. Zelfs in de meest afgelegen of ontoegankelijke gebieden. Het overkomt je dat je langs een heg of hek loopt en denkt, daar verderop moet ik erdoor. Als je op die plek bent aangekomen, stel je vast dat er een gat in het hek of de heg is, dat iemand er al door is gegaan. Iemand anders heeft dezelfde gedachte gehad. Zo ontstaan er ook paden, in bosjes en door het gras. Paden die nooit zijn ontworpen maar die zijn gevormd doordat iemand die route moest gebruiken, of dit nu een toegestane route was of niet, en omdat anderen dezelfde noodzaak voelden en hetzelfde deden. In je loopbewegingen ben je niet anders dan de anderen. Je realiseert je dat je niet anders bent dan de anderen omdat je alleen loopt, omdat je traag loopt en omdat je lijnen loopt die zonder onderscheid op basis van economisch nut door de volledige stedelijke ruimte klieven. En omdat je geen antwoord hebt op vragen over wat en waarheen, over je aanwezigheid en de richting die je uitgaat.

Als je een kruising nadert, merk je dat mensen er vaak meer van gemaakt hebben dan een verkeerspunt waar je van richting kunt veranderen. Er is altijd iets gaande op een kruising, iets anders dan het van richting veranderen van verkeer. Kruisingen zijn vaak plekken waar mensen een bloemenkraam opzetten, of een frietkraam. Of een kiosk. Waar een café is en een bushalte. Mensen laten er tussen de bestaande richtingborden hun eigen boodschap achter, een handgeschreven tekst of een aangeplakt postertje. Ze liften mee op de verkeersstroom. Ze maken gebruik van de doorgang, van de mogelijkheid tot doorgang. Als je een kruising nadert, merk je dat je niet alleen een verkeerspunt nadert, maar een plek. Een plek waar iemand een mogelijkheid benutte, en toen nog iemand, en nog iemand.

Tegenover de kruising staat de doodlopende weg. Als je de moeite neemt om tot het einde van de doodlopende weg te gaan, en als je de lijnen volgt die je moet volgen, moet je wel, want je weet niet altijd aan het begin of een weg doodloopt of niet, dan merk je dat er ook daar altijd iemand je voor is gegaan. Iemand die de onmogelijkheid tot doorgang benut heeft. Aan het eind van een steegje, een kade, een pad of een parkeerplaats is altijd een teken van leven: er ligt een matras, het ruikt er naar pis of de muur zit onder de graffiti. Soms is het niet helemaal duidelijk hoe de plek gebruikt wordt, maar afval ligt er altijd.

Het lopen is oncomfortabel. Je loopt lang, de hele dag. Hitte, regen of kou maken het onaangenaam. Door het volgen van een rechte lijn loop je niet altijd op de stoep maar ook in de schuin oplopende berm langs de weg of door drassig gras. Soms loop je op het fietspad, of op de weg zelf. Je krijgt pijn aan je voeten. Soms worden ze nat. Je probeert niet na te denken over het aantal kilometers maar je merkt dat je toch steeds rekent op het lopen van een rechte lijn. Die lijn is een illusie. In werkelijkheid loop je altijd om. Je loopt vaak van west naar oost. Al te vaak. Frustratie over het omlopen bouwt zich op in de loop van de dag. Je rug doet pijn van je tas. Je wordt moe maar toch krijg je steeds minder zin om ergens te gaan zitten om te rusten. Bussen rijden maar ze lijken niet meer tot de mogelijkheden te behoren. Je moet nu eenmaal lopen.

Je weet nooit precies waar je bent. Je oriënteert je op het noorden of het zuiden, op iets waar je je anders nooit op oriënteert. Dit voel je niet alleen als je moet afwijken van de paden in een stuk bos om de rechte lijn te volgen, een ervaring die je doet inzien hoezeer je zonder daarbij na te denken afhangt van de bestaande infrastructuur van de bebouwde omgeving. Ook binnen die infrastructuur heb je overal steeds het gevoel dat je verkeerd loopt omdat de economische lijnen in de stad andere zijn dan die je probeert te volgen. Straten leiden naar de kern van de woonwijk of naar het sportpark, wegen naar het centrum van de stad, naar industrieterreinen of naar de autobaan. Maar je moet niet naar het centrum of het industrieterrein, je moet rechtdoor.

1

Aan borden, straatnamen en aanduidingen van afstanden heb je niets. Na een tijdje kijk je er niet meer naar. Ze geven je geen informatie over waar je bent en waar je heengaat. Je vervreemdt een beetje van al die tekens en woorden, die steeds minder te maken lijken te hebben met de stedelijke ruimte die je al lopend werkelijk ervaart.

Je bent alert op gebouwen en plekken die op dat moment nuttig voor je kunnen zijn. Belangrijke vragen die je jezelf stelt, zijn: waar kan ik schuilen als het regent? Waar kan ik plassen? Waar kan ik mijn boterham eten? Ook hierin ben je niet anders dan de anderen in wiens voetsporen je loopt. Ook zij hebben gevraagd, kan ik hier door? Je leert de ruimte te lezen aan de hand van je eigen primaire behoeften, die ook die van anderen zijn. Wat aan jou beschutting geeft, geeft aan iedereen beschutting. Wat de anderen blootstelt, stelt ook jou bloot. Je eet je boterham in een bushokje, in een plek waar je nog nooit bent geweest, of misschien wel al eerder bent geweest, met uitzicht op een woningblok of een drukke weg. Het is droog in het bushokje. Je bent beschermd tegen de wind. Er staat meestal een bankje. Het bushokje is altijd open. Het kost niets om er op het bankje te gaan zitten. Niemand vraagt je wie je bent en wat je daar doet. Soms ben je alleen, soms staan er andere mensen, te wachten op de bus. Het voelt ongemakkelijk. Je hebt vuile handen maar je kunt ze nergens wassen. Misschien had je eerst even willen plassen, maar was er geen gelegenheid, geen geschikte plek. Soms is het warm, plak je van het zweet, en hoop je dat je genoeg water bij je hebt. Soms miezert het, en hoop je dat het niet harder gaat regenen. Als het koud is, eet je in je winterjas je boterham vlug op, zodat je zo snel mogelijk weer in beweging kunt komen.

Je ontdekt dat ziekenhuizen en tankstations goede plasplekken zijn. De wc's zijn gratis en, anders dan wanneer je ergens in de bosjes plast, kun je er je handen wassen. Je stroomt mee met de mensen die in en uit lopen en waarvan niemand controleert of ze weldegelijk een zieke bezoeken, benzine tanken of iets kopen in het winkeltje. Ondanks de vele beveiligingscamera's die een tankstation doorgaans omringen (mensen en nummerborden worden nauwkeurig en veelvuldig geregistreerd), loop je er gemakkelijk naar binnen om alleen even naar de wc te gaan. Soms koop je een koffie in een kartonnen bekertje, maar niet omdat het, zoals in een café, een verplichting is. Het tankstation met zijn faciliteiten is niet gebonden aan een wijk of kern, of aan een beroep, en soms ook niet aan bepaalde tijden. Het bevindt zich meestal aan de rand, waar de stad min of meer is opgehouden, nog niet is begonnen. Waar mensen niet meer of nog niet wonen. Iedereen is op weg, van of naar een andere stad, een andere regio. Een tankstation is een tussenplek voor de behoeften van mensen die op weg zijn. Behoefte aan benzine, een kleine check van de auto, een rustpauze, koffie, een wc. Soms zijn de bosjes bij parkeerplaatsen van tankstations ook plekken voor de behoefte aan anonieme seks, op weg tussen werken en wonen.

Ziekenhuizen vervullen voor de loper van rechte lijnen min of meer dezelfde functie als tankstations. Ook hier houdt het wonen tijdelijk op. Ook hier vind je altijd wel ergens op de benedenverdieping een wc die toegankelijk is. Ook hier ontbreekt het niet aan controlemechanismen, maar omdat ziekenhuizen niet bepaald overstelpt worden met voorbijgangers die oneigenlijk gebruik maken van hun wc's, worden die mechanismen niet ingezet. Bij cafés is dat anders. In een café aan een druk plein, in een park of in de buurt van een markt, is de wc-deur vaak op slot gedaan met een sleutel. Je moet dan de sleutel vragen aan de bar, een consumptie bestellen of betalen voor de wc. Je wordt zichtbaar als iemand die komt plassen. Zo'n café is geen favoriete plasplek. De bosjes zijn een stuk goedkoper. Daar zijn geen regels. In de bosjes is veel mogelijk.

Om te schuilen tegen de regen zijn bushokjes het beste, al wordt schuilen tegen de regen door mensen vaak als een zodanig onschuldige actie ervaren dat je er ook plekken voor kunt uitkiezen die minder anoniem zijn, zoals de ingang van een winkel of een afdakje boven de voordeur van een woonhuis. Toch zijn er schuilplekken die je makkelijker gebruikt dan andere. Een bushok, maar ook bijvoorbeeld tunneltjes onder een spoorweg of de grond onder het bladerdek van een boom dat over de stoep hangt, zijn heel toegankelijk als schuilplek omdat ze door niemand worden toegeëigend. Ook het afdak boven een winkel- of kantoorpand of een restaurant, of de ingang van een openbaar gebouw, zijn laagdrempelige schuilplekken tegen de regen. Er werken wel mensen in de gebouwen, maar niemand voelt zich geroepen om de ingang te claimen als eigen bezit waar anderen niet zouden mogen staan tijdens een regenbui. Het valt je op dat eigenlijk alle mogelijke afdakjes langs een drukke brede weg toegankelijk zijn als schuilplek, zowel het tunneltje en de winkelingang als de ruimte onder een balkon aan een woonblok en het afdak boven de voordeur van een huis. Ook als er mensen thuis zijn, en je je al schuilend tegen de gevel meer in een privé-sfeer begeeft dan onder een boom op de stoep, ben je niet zo snel een indringer. Je staat nog steeds op een drukke brede weg.

Je merkt dat het onderscheid tussen een toegankelijke en minder toegankelijke schuilplek niet zoveel te maken heeft met of er mensen wonen of niet maar met de onmiddellijke nabijheid van een ruimte die niemand claimt. Het afdakje boven de voordeur van een huis aan een drukke brede weg is slechts één stap verwijderd van die weg. Als je door een woonwijk liep zonder winkels en brede straten en je moest plotseling je toevlucht zoeken tot een droge ruimte, zou je niet zo makkelijk door iemands voortuin lopen om vervolgens onder het afdak boven haar voordeur te gaan staan. De woonwijk met de voortuinen geeft je dus minder beschutting dan de drukke weg. Langs de weg kun je wachten op de bus, winkelen, werken, eten en wonen. In de woonwijk kun je alleen wonen. Als je in de woonwijk door een voortuin liep en onder het afdak boven een voordeur ging staan, zou het meteen duidelijk worden dat je niet bezig bent de functie in te vullen waar de omgeving voor bedoeld is, namelijk het wonen. Je wordt blootgesteld in de ruimte onder het afdakje als dak-loos.

Je leest niet alleen gebouwen en plekken in functie van hun nut voor jou op dat moment, ook routes hebben alleen betekenis voor zover ze je van noord naar zuid brengen, en 500 meter verderop, van zuid naar noord. Zoals je hebt vastgesteld, heb je weinig aan de informatie op de borden die je tegenkomt. Er zijn fietsroutes die aangeduid worden op borden langs de kant van de weg. Je negeert ze als richtingborden. Omdat je heel vaak zulke fietsrouteborden tegenkomt, merk je dat die routes meestal over comfortabele fietspaden voeren langs pittoreske delen van de stad: de historische maar ook gloednieuwe gebouwen van economische en sociale betekenis, de rivier, stadsparken, schoongehouden stukjes natuurgebied met bordjes waarop de natuur wordt uitgelegd, pas gerenoveerde wijken, restanten van oude dorpjes die ingebed zijn in de stedelijke omgeving, toonbare industriële gebouwen in het havengebied, nieuwgebouwde prestigieuze kantoorwijken.

De fietspaden en routeborden ontwijken niet de rommelige buurten, de donkere parkjes en de niet-pittoreske gebieden. Fietspaden en routeborden zijn overal. Het zijn de rommelige buurten, de donkere parkjes en de niet-pittoreske gebieden die ontbreken. Je komt door geen enkele wijk die niet tenminste gedeeltelijk gerenoveerd is of wordt. Parkjes zijn 's avonds verlicht en niet-pittoreske gebieden zijn nadrukkelijk wel-pittoresk gemaakt door het opknappen van oude onopvallende industriegebouwen. Ze hebben nu een fietspad voor de deur, en routebordjes maken duidelijk dat ze onderdeel uitmaken van een netwerk van bezienswaardigheden. Je negeert dit netwerk van bezienswaardigheden en blijft lopen, van noord naar zuid en van zuid naar noord, ongeacht wat voor netwerk je doorkruist.

Soms kom je al lopend bij een soort eindpunt van zo'n fietsroute, vaak aan het water. 'Uitkijkpunt', staat er dan op het bordje aan de waterkant. Op het bordje wordt uitgelegd wat je ziet. En wat je ziet is niets in het bijzonder. Voor bijzonderheden sta je hier op de verkeerde plek. Alleen de paar grassprieten onder je voeten zijn tastbaar, de picknicktafel die er soms staat, en het bordje met de uitleg. Ook hier is al eens iemand geweest die dezelfde gedachte had, die iets moest met de schaarste aan concrete dingen op deze plek want over de letters op het bordje is een krul graffiti gezet. Een tag, onleesbaar als tekst maar duidelijk als boodschap: zelfs in deze omgeving, waarvan men wil dat hij vooral uit een plaatje bestaat, is het mogelijk iets van een reële plek te creëren.

Het panorama werkt tegengesteld aan de manier waarop je tijdens het lopen de ruimte ondervindt. Wat te zien vanaf een uitkijkpunt? Het vergezicht biedt de illusie van het overzien, aangeduid op een bordje. Maar je kunt niets overzien. Je kunt niet anders dan de dingen van nabij beleven, de ruimte ondergaan door er in te zijn. Waar de horizon zich al te duidelijk aftekent, houdt het ondervinden op. Soms stuit je pas op een doorgang als je er vlak vóór staat. Een gangetje van straat naar straat dwars door een gebouw, of een hek dat niet op slot blijkt te zitten, ontdek je alleen als je ook werkelijk tot aan die gang of dat hek loopt. Ook dode punten, plekken waar geen doorgangen zijn, bereik je pas als je tot de blinde muur, de hoek, het einde van het pad gelopen bent. Maar in het vergezicht kun je niet lopen. Vanaf het uitkijkpunt is er niets te zien buiten jezelf. Vanaf hier is er alleen de weg terug.

De lijnen die je getrokken hebt op de kaart hebben geen betekenis. Het beginpunt is geen logische plek om naartoe te reizen. Je kiest niet waar je loopt. Je gaat het langzaamste van iedereen. Je aanvaardt de onzekerheid. Je gaat nergens naartoe. Je bent niet in staat dat uit te leggen. Je loopt alleen. Je loopt altijd om. Je weet nooit precies waar je bent. Je leert de ruimte te lezen aan de hand van je primaire behoeften. Je kunt niets overzien. Je neemt de weg terug.

◆

Als je een hele dag van noord naar zuid en weer van zuid naar noord door woonwijken, industrieterreinen, recreatiegebieden en nog eens woonwijken hebt gelopen, en je bent aangekomen bij de golfbaan, de gemeentegrens, ben je uitgeput, heb je pijn in je rug en in je voeten, en heb je door wat de begrenzingen van de stad zijn. In één dag ben je die grens al overgestoken. Het zijn niet de randen van de stad die als grens tussen binnen en buiten fungeren. Integendeel, de stad houdt in de fysieke ruimte eigenlijk nergens op. Je hebt de gemeentegrens als afbakening voor je loopbewegingen genomen omdat dit een gegeven afbakening is, een grens die je niet zelf gekozen hebt op basis van wat je interessant of logisch lijkt. Misschien heb je de gemeentegrens genomen omdat deze als grens betekenisloos is. De grenslijn kan een tijdje samenvallen met een kanaal of een weg, maar meestal duurt dat niet lang. De lijn snijdt door bos, water, industriegebieden, de ring. Aan weerszijden zijn bos, water en industrie. Niets stopt aan de gemeentegrens. De gemeentegrens is net zo betekenisloos als de rechte lijnen die je op de kaart getrokken hebt. Op de bordjes met de naam van de stad na, is er aan de randen niets te zien dat niet ook elders binnen en buiten de stad te zien is. De stad houdt niet op, maar de omtrekkende lijn op de kaart heeft je een gebied aangewezen. Je hebt die lijn aanvaard als grens.

1

De grenzen van de stad zijn van een andere aard: een golfbaan is niet het einde van de stad omdat hij op de gemeentegrens ligt. Een golfbaan is het einde van de stad omdat hij de plaats inneemt van het ongewisse. Je probeert vast te stellen wat er zich op de drempel afspeelt, op de plek waar het duidelijke overgaat in het onduidelijke, de plek die steeds verschuift, opschuift in de richting van de randen. Je stelt vast dat die drempel niet verder verschuift naar de buitenranden van de stad maar dat hij oplost. Waar precies is niet te zien. Er is geen onduidelijk gebied. Geen schaduw van de kerktoren, geen vervallen en stilletjes in gebruik genomen huis aan de rand, geen niemandsland bij de autobaan. De omgeving van de kerktoren is van alle kanten fel verlicht. Op de plaats van het vervallen huis worden villa's met uitzicht op de natuur gebouwd en langs de autobaan rijst een nieuw zakencentrum.

Soorten begrenzingen zijn er veel. Rond bijna elke school staat een hek, soms met prikkeldraad aan de bovenkant. Er zijn hekken rond parken. Hekken rond kantoorpanden en voortuinen. Heggen rond kantoorpanden en voortuinen. Hekken rond heggen rond parken en kantoorpanden. Sloten rond tuinparken, sportvelden, bedrijventerreinen. Hekken rond tuinparken, sportvelden, bedrijventerreinen. Sloten rond woonwijken. Hoog gras langs de spoorweg en de autobaan. Plantsoenen in het midden van pleinen, plantsoenen tussen de straat en de stoep. Plantsoenen tussen woonblokken. Poortjes bij metro- en treinstations die je alleen kunt openen met een digitale pas. Slagbomen bij parkeerplaatsen, slagbomen bij bedrijventerreinen, bewakers bij parkeerplaatsen, bewakers bij bedrijventerreinen, bewakers bij winkelcentra, muren rond winkelcentra. Muren rond woonblokken. Struiken tussen de achterkant van kantoorgebouwen en het pad, struiken tussen het treinspoor en de woonwijk. Prikkeldraad rond natuurgebieden en vervallen huizen. Prikkeldraad tot in het water aan de zijkant van een hek dat naast een sloot, meer of kanaal staat. Prikkeldraad rond begraafplaatsen. Hekken rond begraafplaatsen, muren rond begraafplaatsen.

Maar er zijn ook de huisvuilcontainers in woonwijken die onder de grond gemaakt zijn, de sportveldjes op pleinen en in straten waar hekken omheen zitten, de alcoholverboden in de straten. Er zijn winkels en kantoorruimtes in de benedenverdiepingen van nieuwe woongebouwen, er is veel glas. Er zijn fietsenstallingen onder de grond en enorme uitheemse sierplanten in potten boven de grond. Lavendelbedden op de stoep langs gevels van woonblokken en kantoorpanden, rieten tuinmeubilair en bloembakken op de stoep langs gevels van woningen. Er zijn toegangsprijzen en sluitingstijden en rookverboden in de nabijheid van gebouwen. Er is straatverlichting en spiegelglas. Er hangen felgekleurde vrolijke foto's van mensen in keukens en woonkamers aan de dichtgetimmerde ramen en deuren van woningen waar geen mensen in keukens en woonkamers meer zijn, woningen die leegstaan en gesloopt zullen worden maar die met de vrolijke foto's de indruk moeten wekken van bewoonde, levendige plekken. Er zijn straten waar niet gevoetbald mag worden. Er is DNA-spray om diefstal in winkels te voorkomen. Er zijn camera's, overal. Fiets- en wandelroutes, overal. Er zijn zoveel begrenzingen dat je je afvraagt hoe de mensen in de stad nog ergens geraken.

Net zoals de stad niet ophoudt aan de gemeentegrens, houdt de wijk niet op bij het einde van de wijk. De overgangen zijn er wel, in de vorm van een tunneltje onder de spoorweg, een brug over een kanaal of een oversteekplaats op een doorgaande weg, maar je merkt dat je van wijk naar wijk steeds overgaat naar meer van hetzelfde. Na de brug dezelfde woonblokken van vier verdiepingen, al hebben ze misschien een andere kleur deur, dezelfde speeltuintjes, dezelfde hekken met prikkeldraad rond de scholen. Aan de andere kant van de doorgaande weg dezelfde breedte van de zijstraten, de plantsoenen om hetzelfde aantal meters, het winkelcentrum op dezelfde plaats met dezelfde winkels. Na elke overgang dezelfde samenstelling van oudere gebouwen en nieuwe gebouwen met veel glas op de benedenverdiepingen. Na elke overgang stel je vast dat je de wijk niet hebt verlaten, en je denkt aanvankelijk dat het komt omdat je nooit precies weet waar je bent omdat je een rechte lijn probeert te volgen en later omdat je moe bent, maar uiteindelijk moet je toch toegeven dat het daar niet aan ligt, dat het daar helemaal niet aan ligt, maar dat er in deze stad zodanig wordt gebouwd dat elke volgende rechte lijn 500 meter verderop je weer door precies dezelfde wijk voert, en je vraagt je af hoeveel bruggen en tunnels en oversteekplaatsen je moet nemen, hoe ver je moet gaan, om die wijk ooit nog uit te komen.

Als er al een mogelijkheid voor een grensovergang is binnen het woongebied, bevindt die mogelijkheid zich niet in het onderscheid tussen de wijken, maar in de fysieke ruimte tussen de wijken waartussen je geen onderscheid kunt maken. Alleen binnen die fysieke tussenruimte zelf is een overgang mogelijk, niet van de ene wijk naar de andere wijk, maar van één ruimte naar een andere soort ruimte. Dat zie je aan de graffiti als je door het tunneltje onder de spoorweg gaat, de uitdrukkingen van iets anders dan wat je net in de woonwijk achter je gezien hebt, de uitdrukkingen van mensen die, al is het voor eventjes, de gangbare ruimte verlaten hebben. Om iets te zeggen. Iets dat van hen is. Je ziet het ook aan het afval dat vrijelijk gedumpt wordt in de spoorwegberm of in het parkje dat je oversteekt tussen twee wijken, de snoeppapiertjes, sigarettenpeuken, lege blikjes, plastic verpakkingen. In de tussenruimte wordt niet gedaan aan het verbergen van afval. Daarom hoort de tussenruimte bij het verborgene. Je merkt dat jonge mensen elkaar niet in de straten ontmoeten waar alleen woningen zijn - die straten zijn meestal leeg - maar in deze tussenruimtes: bij de bankjes bij het winkelcentrum, in het parkje of bij de bushalte op de weg die twee woonwijken scheidt. Deze plekken zijn nooit ver van de woonstraten af, een paar hoeken om. Je komt ze dus tegen, de kleine onderbrekingen in het wonen, de mogelijkheden voor grensovergangen.

Duidelijker zijn de overgangen tussen het einde van de woonwijk en het begin van een ander soort gebied, zoals een sportveld of een industrieterrein of een recreatiegebied. Niet dat het verschil tussen een woonwijk en een sportveld zo significant is. Nee, van woonwijk naar sportveld of industrieterrein ga je niet over naar een andere ruimte. Je blijft binnen het gangbare, de economische ruimte van wonen, werken en recreëren. Ook hier is het alleen in de tussenruimtes zelf waar mensen uit het gangbare stappen, een opening kunnen vinden naar een andere ruimte. Vaak is er een klein groengebied met bosjes, een parkeerterrein, een anonieme weg, een pad tussen de achterkant van de gebouwen en een kanaal. Je vindt er soms stront die niet van honden kan zijn omdat er gebruikte tissues bij liggen. Je vindt er condooms, injectienaalden en lege bierblikken. Je vindt er boodschappentassen met kleren. Je vindt er slaapzakken, matrassen en wc-rollen. Mensen zie je er zelden. Je loopt in alle rust zo nauwkeurig mogelijk je rechte lijn tussen de sporen van de grootste gemene delers van het menszijn: stront, urine, bloed.

De plek die mensen zich toe-eigenen om de grens te overschrijden, niet van de ene maatschappelijke ruimte naar de andere maar van maatschappelijke ruimte naar gemeenschappelijke ruimte, is taboe in de stad. Tussenruimtes roepen het verborgene op, en dus worden ze in het verborgene gehouden. Maar ze worden ook, zo stel je vast, zoveel mogelijk beperkt, verdrongen en ontkend. Je komt ze weliswaar tegen tijdens het lopen, maar ze zijn schaars. Vaak zie je een afgesloten hek voor de berm naast de spoorlijn, een speeltuintje voor kleine kinderen in de plaats van het donkere parkje tussen twee woonwijken, recent aangelegde fietspaden en omgehakte bomen in groengebieden. Felverlichte tunneltjes onder het spoor, nieuwe woongebouwen langs het kanaal en aan de rand van het recreatiegebied. Het taboe, datgene wat iedereen aangaat en dus het gemeenschappelijke, lost op in de ruimte van de stad, in het felle licht in het tunneltje, in de blik die het groengebied overziet nu de bomen er omgehakt zijn. Daarom kom je zo weinig grensgebieden tegen, kom je maar zo moeilijk de wijk nog uit. De ruimtes waar men zich te buiten gaat, worden vervangen door comfortabele overgangszones met veel verlichting, zones die geruisloos naar meer van hetzelfde leiden. Grenzen waarin de eigenschappen van grenzen, de mogelijkheden tot overschrijding, verloren raken.

Net zoals de stad niet ophoudt aan de gemeentegrens en de wijk niet ophoudt bij het einde van de wijk, houdt het centrum van de stad niet op bij de borden waarop het woord ‘centrum’ staat. Er zijn fysieke grenzen, het water, een drukke weg, maar water en drukke wegen vormen ook elders grenzen, ze beperken zich niet tot de afbakening van wat op de borden het centrum van de stad genoemd wordt. Als je de volledige stad doorloopt, je daarbij baseert op rechte lijnen en aan alles wat je ziet evenveel waarde hecht, valt het centrum weg in je ervaring. Of eigenlijk is het, zoals je al hebt vastgesteld, de grens die wegvalt. Het centrum kenmerkt zich, nog meer dan andere gebieden, door een gebrek aan mogelijkheden, aan grensovergangen, aan onduidelijke ruimte. En deze beweging, deze beperking, verspreidt zich vanuit wat op de borden het centrum wordt genoemd naar de rest van de stad, tot er een gebied overblijft dat slechts centrum is zonder periferie.

Er zijn plekken in de stad waarvan de grens bestaat uit het verschil in gebruik al naargelang het moment in de dag. Sommige parkeerplaatsen bij supermarkten bedienen overdag het hectische komen en gaan van mensen die hun boodschappen doen, en worden na sluitingstijd een ontmoetingsplek voor jongeren. Sommige parken zijn overdag het terrein van hondenwandelaars, joggers en spelende kinderen, en worden na zonsondergang een seksontmoetingsplek. Het zijn plekken die, net zoals de overgangen tussen wijken, hier en daar de mogelijkheid bieden om een andere ruimte te betreden. Dichtbij maar buiten de economische ruimte liggen. De tussenruimte ontstaat na sluitingstijd, wordt mogelijk dankzij de economische activiteit.

Om erachter te komen of een zelfde plek verschillend gebruikt wordt op verschillende tijdstippen moet je, naast het lange lopen overdag, 's avonds teruggaan. En 's nachts. En in plaats van te lopen moet je soms ook blijven staan. Door te lopen, maar meer nog door te staan, bevind je je in een vreemde ruimte. Als je stilstaat, doe je niets. Het is zichtbaar voor anderen dat je niets doet. Je merkt dat het moeilijk is om overdag stil te staan zonder iets te doen op een drukke plek. Meer nog dan wanneer je loopt, begeef je je buiten de ruimte van het meedoen. Je gebruikt de ruimte niet waar hij voor bedoeld is. Je bent een niets-doener. Zolang je de kaart die je bij je hebt, bestudeert of rondkijkt op een kruispunt om je te oriënteren, of twijfelend een paar passen zet, zullen mensen aan je vragen of je iets zoekt, waar je naartoe moet, of ze kunnen helpen desnoods. Maar als je stilstaat en absoluut niets doet, gaan voorbijgangers dit contact niet met je aan. Als je 's avonds of 's nachts teruggaat naar dezelfde plek, is deze zachter, trager. Er wordt minder in vraag gesteld door de mensen die nog op straat zijn. Maar dat zijn er niet zoveel. Het donker is waar het gangbare verkeer ophoudt. Het donker leent zich voor het gemeenschappelijke moment, dat zacht of confronterend kan zijn, of allebei, maar dat zoveel mogelijk geweerd wordt met camera's, politiepatrouilles, hekken en verlichting.

Het toe-eigenen van een plek om de grens te overschrijden van maatschappelijke naar gemeenschappelijke ruimte, wordt de mensen in de stad moeilijk gemaakt, zo niet onmogelijk. Ook hierin ben je niet anders dan de anderen. Ook jouw stilstaan en niets-doen wordt gezien, gemeten aan het tempo van de stad. Het licht in de straten, in de fonteinen, de metrostations, de tunnels, de reclamepanelen in bushokjes en aan gebouwen, vertelt je dit. De lampen in portieken die aanspringen als je er langsloopt of er in de buurt gaat staan, maken je duidelijk dat je te dichtbij bent, te dicht in de buurt van iets. En je merkt het pas als je een route volgt waarvan je niet weet waar die je heenvoert, als je niet hetzelfde doel hebt om ergens te zijn als degene die daar woont of werkt. De lampen in de portieken, maar ook de lavendelbedden en het rieten tuinmeubilair langs de gevels, de grote uitheemse planten in potten langs de boulevards, de scherpgepunte metalen randen op de muurtjes en richels, maken je aanwezigheid ongewenst. Je kunt niet op het muurtje gaan zitten met die scherpe metalen punten, al zou je er alleen gaan zitten om even niets te doen. Je aanwezigheid is ongewenst omdat je wel eens niets zou kunnen doen. Tijd zou kunnen verspillen. Waarde-loos zou kunnen zijn.

En de lavendelbedden, de lampjes en de scherpe metalen punten vertellen je dat jouw niets-doen niet gezien mag worden. Dat je dat niets-doen maar elders moet doen, uit het zicht. Uit het zicht van het gerenoveerde woonhuis en de hernieuwde boulevard met de uitheemse planten. Hernieuwing drijft de niets-doener weg. Het niets-doen moet onzichtbaar gemaakt worden. Net als de gemeenschappelijke ruimte is het niets-doen taboe. Hieruit zou je kunnen afleiden dat het iets-doen heilig is in deze stad. Het iets-doen moet een betekenis hebben die je niet in vraag mag stellen. Die je niet in vraag kunt stellen zonder gevaar. In de ruimte van het niets-doen ben je op jezelf aangewezen. Jij, en alle anderen.

Op de bankjes in de parken, op de pleinen en bij de speeltuinen zijn geen scherpgepunte metalen randen aangebracht. Daar mag je zitten. Die bankjes horen niet bij de ruimte van het niets-doen. Zitten kan dus ook iets-doen zijn. Zitten binnen de perken van de vrije tijd. En vrije tijd is niet hetzelfde als verspilde tijd. Vrije tijd hoort bij het economische verkeer. Tijd die gespendeerd wordt op een manier die nuttig is voor de economie. Tijdens het recreëren maken mensen zich in een afgebakend tijdsbestek op voor wederom meer van hetzelfde. De sportvelden, de parken, de fietsroutes die eindigen in een plaatje, zijn ingericht met dit doel. Wandelen hoort ook bij recreatie, wandelen gebeurt met het doel zich op te laden, beweging en frisse lucht te krijgen. Om vervolgens verder te werken. Of met het doel een uitzicht, monument of evenement te bereiken. Om vervolgens op die plek geld te spenderen en daarna verder te werken, opgeladen. Door te wandelen begeef je je niet buiten de economische ruimte. Door te lang te wandelen wel. Hoe lang je moet wandelen om uit de economische ruimte te komen, is moeilijk vast te stellen. Je kunt het alleen maar proberen. Ook als je te lang op een bankje blijft zitten, of je gaat er liggen, begeef je je buiten de economische ruimte van de vrije tijd. Dan misbruik je het bankje, de ruimte van de vrije tijd. Het bankje is niet bedoeld voor het niets-doen.

Hoe meer recreatieve ruimte er wordt ingericht in de stad, hoe minder gemeenschappelijke ruimte er overblijft. Je ziet dat dit ook de bedoeling is. Op verschillende plekken staan borden die nog aan te leggen recreatiegebieden aankondigen. Fietspaden worden in een razend tempo gelegd. Tussenruimtes verdwijnen terwijl je loopt. Je komt donkere ruimtes tegen, onbestemde ruimtes, smoezelige ruimtes, die een paar weken later, als je terug wilt keren naar een plek, er niet meer zijn. Onvindbaar zijn. Verlicht zijn. Schoongeveegd zijn. Hoe meer recreatieve ruimte er wordt ingericht, hoe moeilijker het wordt om niets te doen. Hoe kleiner de mogelijkheid voor het ongecontroleerde, de kans op inzicht in het verborgene. Hoe minder grensovergangen, hoe groter de confrontatieloze zone. En je merkt dat, welke lijn je ook loopt, die confrontatieloze zone telkens strekt van de kleinste scherpe metalen punt op een richeltje in het centrum tot het meest uitgestrekte golfterrein aan de rand.

Je blijft stilstaan bij de kleine sportveldjes waar tralies omheen zitten in de straten van de stad. Ze maken het makkelijk voor mensen om daar te basketballen bijvoorbeeld. Maar ze maken het ook onmogelijk voor mensen om op die plek iets anders te doen. Want die plek is niet bedoeld voor iets anders. En ze maken het onmogelijk voor mensen om elders, buiten de kooi, te basketballen. Want die plek elders is niet bedoeld om te basketballen. Elke plek is ergens wel of niet voor bedoeld. De aanwezigheid van de vele sportkooien vertelt je niet dat veel mensen in deze stad graag sporten op die veldjes. Ze zijn soms in gebruik op het moment dat je er langs loopt, en dat is op verschillende tijdstippen in de dag, maar vaker liggen ze er verlaten bij. Als ze in gebruik zijn, dan is het door jonge mensen. De aanwezigheid van de vele sportkooien vertelt je dat de stad wil dat (jonge) mensen sporten. En dat ze dààr sporten. En dat ze daar niet iets anders doen. En dat ze niet ergens anders sporten. De aanwezigheid van de sportkooien vertelt je dat de stad niet wil dat mensen zomaar wat sporten op plekken die ze zelf uitkiezen.

Ook de winkels en kantoorruimtes die in de benedenverdiepingen van nieuwe woonblokken verschijnen, vertellen je dat zomaar wat sporten of rondhangen op plekken die mensen zelf uitkiezen, daar niet kan. In de benedenverdiepingen van de oudere woonblokken zijn vaak bergingen of garages. Hun (bijna) blinde muren kunnen voor alles en nog wat gebruikt worden. De muren van de nieuwe benedenverdiepingen bestaan vooral uit glas, en glas is weinig bruikbaar. Daarbovenop eigenen de nieuwe gebruikers van de benedenverdieping zich vaak een deel van de stoep toe, waardoor het stukje stoep dat nog overblijft voor voetgangers zo smal wordt dat je er niet kunt rondhangen of stilstaan om een gesprek te voeren en dat je er alleen dóór kunt lopen. Het neerleggen van twee jasjes op de grond om het doel te markeren, het afbakenen van een klein, handig zelfgekozen voetbalterrein voor dat moment, is uitgesloten.

Je fiets neerzetten tegen de gevel van een nieuw openbaar gebouw terwijl er een ondergrondse fietsenstalling is waar men, zo vertelt ook weer een bord, gebruik van dient te maken, is uitgesloten. Gaan zitten op een bankje dat is neergezet tegen de gevel van een huis als je daar niet woont. Een donkere route kiezen terwijl er mogelijkheden te over zijn om via felverlichte straten te lopen. 's Avonds door het park gaan in plaats van eromheen. Binnendoor door de bosjes gaan in plaats van de aangelegde weg te volgen. Voor een gebouw staan in plaats van er binnen te gaan of door te lopen. In een tunneltje staan in plaats van erdoorheen te lopen. Te lopen in plaats van de bus te nemen. Stil te staan in plaats van te lopen. Een doodlopende steeg ingaan terwijl je daar niet woont. In de berm lopen in plaats van op de stoep. Op de grond gaan zitten buiten de hekken van het park. Op de grond gaan liggen. In slaap vallen. Uitgesloten. Hoe meer begrenzingen er komen, hoe meer handelingen zoals voetballen, zitten, staan, of je fiets neerzetten, uitgesloten handelingen worden. Hoe meer begrenzingen, hoe meer jij die voetbalt, zit, staat of je fiets neerzet, uitgesloten wordt. Hoe minder bereidheid er heerst om het gebeurende te laten gebeuren, hoe sneller je noodgedwongen inbreuk maakt. Je struikelt over de begrenzingen. Je kunt niet anders.

Er zijn weinig grensovergangen mogelijk in de stad. De randen en de tussenruimtes verdwijnen. Het grensgebied heeft zich niet naar buiten maar naar binnen verplaatst. Naar de kleinste scherpe metalen punt op een richel. En vanaf daar naar een mentale toestand. Je merkt dat de omheinde gemeenschap niet iets is dat zich elders afspeelt en waar je maar liever geen deel van zou uitmaken. Je maakt er al deel van uit. Je vraagt je af hoe dat zo gekomen is. Of dit altijd al zo was. En als het niet altijd al zo was, wat het moment was waarop je er deel van ging uitmaken. Maar er was geen moment. De omheinde gemeenschap is een glijdende schaal, een grens die zichzelf dagelijks verlegt, geruisloos. Jij bent het grensgebied geworden. Jij, en alle anderen.

♦

Je bent vertrokken vanuit de topografische kaart. Je hebt een punt gezet op die kaart en naar dat punt ben je vervolgens toegegaan. Maar hoe heb je het punt op de kaart verbonden aan het punt in de ruimte? Hoe weet je dat het punt in de ruimte overeenkomt met dat op de kaart? Hoe weet je dat er zo'n overeenkomst bestaat? Ook als je nog nooit bij dat punt in de ruimte geweest bent, nog nooit deze kaart onder ogen hebt gehad, ben je in staat de twee punten met elkaar te verbinden. Van waar je bent zou je een willekeurige richting uit kunnen lopen tot je een bordje tegenkomt met de naam van de stad erop. Uit dat bordje zou je kunnen afleiden dat je bij de grens van de stad bent. Want waarom zou er een bordje staan met de naam van de stad ergens op een plek die ver buiten de stad ligt, die niets te maken heeft met de stad? En waarom zou er midden in de stad een bordje staan met de naam van de stad erop terwijl het gebied er net omheen, en daar weer omheen, ook de naam van de stad heeft? Je staat dus op de grens. Aan de richting van de tekstkant van het bord zou je kunnen afleiden welk gebied binnen de stad ligt en welk gebied buiten de stad ligt. Als je bij dat bord bent aangekomen, zou je elk punt op de gemeentegrens op de kaart kunnen vergelijken met het punt in de ruimte waar je staat. Je zou kunnen letten op smalle straten, brede straten, bomen, water e.d. Als je de plek op de kaart gevonden hebt waarvan de tekening overeenkomt met die van de ruimte waarin je staat, zou je kunnen weten waar je bent ten opzichte van het meest noordwestelijke punt, waar je naartoe moet. Je zou er vervolgens, met behulp van de kaart, heen kunnen lopen. Ja, zo zou je het kunnen doen.

Alleen, als je niet al in de stad bent op het moment dat je een willekeurige richting uit begint te lopen, zou je misschien heel lang moeten lopen voor je een keer een bordje tegenkomt met de naam van de stad erop. Je zou een trein kunnen nemen. De trein is niet altijd toegankelijk en kosteloos. Maar stel dat je hem toch neemt. Dan zou je uit kunnen stappen zodra de naam van de stad omgeroepen werd. Vervolgens zou je op de kaart, waar spoorlijnen en stations op staan, kunnen zoeken naar een tekening die overeenkomt met die van de ruimte waar je staat. Zodra je die overeenkomst hebt gevonden, zou je kunnen weten waar je bent ten opzichte van het meest noordwestelijke punt in de stad. Je zou er vervolgens, met behulp van de kaart, heen kunnen lopen. Maar wat doe je als je niet weet of je je al in de stad bevindt of niet, voor je een willekeurige richting zou uitlopen of een trein zou nemen? Dan zou je een trein kunnen nemen en uitstappen zodra de naam van een plek werd omgeroepen die niet die van de stad is. Zodra je daar uitstapt, weet je zeker dat je niet in de stad bent. Vervolgens zou je een trein kunnen nemen, en uitstappen zodra de naam van de stad werd omgeroepen. En de procedure met de kaart vanaf daar volgen.

Misschien zou je een vliegtuig moeten nemen. Hoe dan ook, voor je vertrekpunt ben je afhankelijk van de naam van de stad. Je weet dat het bordje met de naam van de stad op de grens van de stad staat, en niet er ver buiten of er middenin. Je hebt een bepaalde kennis van die dingen. Die kennis gaat vooraf aan de kaart, en wordt er tegelijkertijd door geproduceerd. Al zegt een bepaalde rasterlijn op de kaart niets over de betekenis van de stad, de codes waaruit de kaart is samengesteld, vallen wel binnen de kennissfeer van het territorium dat zichzelf voortbrengt via de kaart. Als je de kaart niet had kunnen lezen, de codes niet al van tevoren kende, zou je niet op het punt gekomen zijn van waaruit je vertokken bent. Je weet dat blauw water betekent. Je kent de betekenis. Voor wie volledig vreemd is in een territorium, is de kaart onleesbaar. Op een onleesbare kaart verwijst een blauwe lijn naar niets anders dan een blauwe lijn. Om de kaart te kunnen lezen, heb je kennis nodig van de codes waaruit hij is samengesteld. En om toegang te hebben tot die kennis, moet je de kaart kunnen lezen. Binnen het territorium dat de kaart weergeeft, is geen ruimte voor het vreemde. De kaart is niet bedoeld om iemand die vreemd is, zijn weg te leren kennen. De kaart is bedoeld voor mensen die de weg al kennen.

Om de weg binnen het territorium te kennen, moet je het vreemd zijn opgeven. Het territorium brengt zichzelf steeds opnieuw voort, via nieuwe lijnen op de kaart, door nieuwe codes te introduceren, bijvoorbeeld het verdwijnen van grensovergangen in de stad. Met elk omgehakt groengebied wordt de kaart van de stad een nieuwe bevestiging van zichzelf, in dit geval door het opnemen van codes voor confrontatieloze zones. Om de weg binnen het territorium te blijven kennen, moet je het vreemd zijn steeds opnieuw opgeven. Je moet je begeven binnen een ruimte zonder grensovergangen. Onderdeel worden van die code. Om jezelf te blijven herkennen, moet je het kennen van de weg binnen het territorium opgeven. De kennis van het territorium vervangen door ervaring van de ruimte. Door vreemd te zijn en de kaart verkeerd te lezen, een lijn te volgen in plaats van een straat, ga je een ruimtelijke ervaring aan die niet vastligt in de codes van het territorium. Je maakt de kaart zo onleesbaar mogelijk door er rechte lijnen op te trekken. Je begeeft je naar het punt dat niet je beginpunt is, maar dat toch je beginpunt is want het is het punt vanaf waar je begint vreemd te zijn.

Van alle mogelijke kaarten ondersteunt de topografische kaart deze ontdekking het beste. Er is geen straatnamenindex. Er worden geen gebouwen of gebieden aangeduid als belangrijker of bezienswaardiger dan andere. Er zijn geen reclameadvertenties van hotels, restaurants en galeries. Het centrum wordt niet uitvergroot in een apart kadertje weergegeven. Er worden geen gebieden aangeduid als minder belangrijk of bezienswaardig door ze op de achterkant van de kaart weer te geven. De kaart heeft geen handig meeneemformaat. Er staat geen openbaar vervoernetwerk op. Er worden geen telefoonnummers en adressen van publieke diensten vermeld. De topografische kaart geeft de plek weer zonder je een richting op te duwen, wil geen invulling geven aan de ruimte die hij weergeeft. Hier is bos en daar zijn gebouwen. De rest is aan de gebruiker. De topografische kaart is het beste in staat het lopen aan de loper over te laten, de vraag 'waar ben ik?' niet om te buigen richting bezienswaardigheid maar te laten bestaan als vraag.

Waar je bent, in wat voor een plek je je bevindt, kun je aflezen aan fysieke kenmerken, aan sporen van ruimtegebruik. Al lopend stel je vast dat er overal binnen de gemeentegrens camera's hangen, behalve in natuurgebieden, en dat er in sommige plekken meer camera's te vinden zijn dan in andere. In sommige plekken vinden de mensen in de stad het dus belangrijker om camera's te hangen dan in andere. Vaak zie je camera's in plekken waar ook hekken zijn, of geldautomaten. Er zijn meestal meer camera's in de buurt van grote gebouwen dan bij kleine, meer bij opgepoetste gebouwen dan bij versleten gebouwen. Fietsrouteborden zijn overal, ook in natuurgebieden, waar geen camera's zijn. Fietsrouteborden zijn dus nog wijder verspreid dan camera's. Ook de borden zijn in sommige plekken meer aanwezig dan in andere plekken, wat duidt op een bepaald belang dat aan sommige gebieden gegeven wordt en aan andere niet of minder. Fietsrouteborden zijn er veel in aantal rond recreatiegebieden maar ook op drukke kruispunten in de stad.

Je traceert op de kaart, terwijl je zo nauwkeurig mogelijk de rechte lijnen volgt, de zigzaglijnen die je werkelijk loopt door de hele stad. Misschien teken je deze in een andere kleur. Je telt de camera's en fietsrouteborden die je tegenkomt, en houdt ze bij op de zigzaglijnen op de kaart. Je zet een stip, en nog een, en nog een, net zoveel stippen als er camera's en borden zijn, op de plek op de kaart die overeenkomt met de plek waar je de camera's en borden vindt. Je maakt geen onderscheid tussen grote gebouwen en kleine, brede en smalle straten, pittoreske en niet-pittoreske gebieden of wat dan ook, je noteert alleen alle camera's en borden die je tegenkomt op de route die je loopt. Dit doe je in de hele stad, op alle lijnen die je loopt. Misschien zet je beter een nummer in plaats van een stip, één nummer voor de camera's en een ander nummer voor de fietsrouteborden, zodat je later kunt zien waar er een camera is en waar een fietsroutebord. Je kunt ook een letter zetten. Of stippen in verschillende kleuren, maar dan moet je al die kleurpennen meenemen want het blijft natuurlijk niet bij camera's en fietsrouteborden als je eenmaal bezig bent, en voor elke stip moet je steeds de juiste kleur bovenhalen terwijl je loopt en je loopt al zo traag om alles met evenveel aandacht in je op te nemen.

Je leest de stad aan de hand van die terugkerende sporen en kenmerken. Een cluster van fietsrouteborden vertelt je dat er een recreatiegebied of een druk kruispunt is, een cluster camera's dat men vindt dat er iets te beveiligen valt. Je noteert geen recreatiegebieden of beveiligde omgevingen. Die kun je niet noteren. Niet zonder je te laten leiden door wat een recreatiegebied en een beveiligde omgeving betekenen in de stad. En je wil je niet laten leiden door de betekenis van de stad. Om een beveiligde omgeving te noteren, zou je eerst moeten definiëren wat zo'n omgeving is, waaraan je die herkent. Hekken, muren, camera's en prikkeldraad kunnen duiden op een beveiligde omgeving maar om hekken te noteren zou je lijnen nodig hebben in plaats van stippen en moet je weer gaan vaststellen wanneer iets een hek is. Moet het beveiligde volledig omgeven zijn door het hek? Is gaas ook hek? Of mogen het alleen spijlen zijn? Als je makkelijk over het hek heen kunt (en wat is makkelijk?), geldt het hek dan als kenmerk van een beveiligde omgeving? Muren zijn nog moeilijker te vatten als kenmerk. En de plaats waar de 'omgeving' zijn grenzen heeft, is al helemaal niet vast te stellen. Tot waar ziet een camera? Een portiek van een huis waar een lampje aanfloept als je er voorbij loopt, is ook een beveiligde omgeving. Een omgeving met een sluitingstijd ook. Overal waar politie patrouilleert, is de omgeving beveiligd, en dat kan overal zijn. Net zoals de stad houdt de beveiligde omgeving eigenlijk nergens op. Je vindt er hoogstens wat gaten in hier en daar.

Je houdt het dus op je herkenning van wat een camera is en wat een fietsroutebord is. Daar is ook enige kennis voor nodig, maar er is weinig ruimte voor interpretatie bij de herkenning van een camera en een fietsroutebord. Het is veel makkelijker om vast te stellen wat een camera is dan wat een beveiligde omgeving is, en om een stip op de kaart te zetten die verwijst naar een camera dan naar een omgeving. Dingen die te veel ruimte voor interpretatie laten, zoals bijvoorbeeld hekken, vallen je natuurlijk wel op tijdens het lopen, maar je geeft ze niet weer op de kaart. Met wat die fenomenen betekenen, waar ze op duiden, waarom ze ergens aanwezig zijn, houd je je niet bezig. Je gaat niet af op wat jij denkt dat er te beveiligen valt in de stad of waar het mooi fietsen is. Want dat weet je eigenlijk niet. Je gaat zo weinig mogelijk ergens van uit behalve van je van tevoren vastgestelde begrip van een camera, een fietsroutebord enz. Je neemt alleen aan wat je met je eigen ogen kunt waarnemen, en dat registreer je.

Je registreert dingen die duiden op een bepaalde plek, niet zozeer de aanwezigheid van mensen maar sporen van menselijk ruimtegebruik. Dingen die niet bewegen. Een politiepatrouille is moeilijk in een stip om te zetten. Een zwervend iemand ook. Een zwervend iemand is daarbij soms moeilijk als zodanig te herkennen. Dus je noteert geen patrouillerende politie en mensen waarvan je denkt dat het zwervende personen zouden kunnen zijn, maar wel politieposten en matrassen, tassen met kleren en dekens die in de publieke ruimte liggen. Mensen die stationair zijn op een bepaalde plek en wiens aanwezigheid in die ruimte iets zegt over de aard van de plek, kun je wel noteren. Bewakers die in een hokje bij een parkeerplaats zitten of bij de ingang van een gebouw staan bijvoorbeeld. Prostituees die op bepaalde plaatsen op klanten staan te wachten. Bedelaars of straatverkopers die ergens een plek hebben ingenomen.

Zo zijn er nog veel meer fenomenen waaraan je kunt aflezen hoe de ruimte ingericht is of gebruikt wordt. Een recreatiegebied is moeilijk te definiëren, maar je kunt wel de borden noteren waarop het woord 'recreatiegebied' voorkomt. De grenzen van een commercieel centrum zijn niet vast te stellen, maar geldautomaten tellen kan wel. Nieuwe stedelijke ontwikkelingen kun je registreren door gebouwen te noteren die nog niet voltooid zijn op het moment dat je er langs loopt en borden die de constructie van een nieuw gebouw of gebied aankondigen. Je kunt borden noteren waarop staat dat het verboden is om alcohol te drinken, al weet je nooit waar het gebied waar het bord betrekking op heeft, ophoudt. Er staat nergens een einde-alcoholverbodsbord. Je kunt belhuizen noteren, plekken waar mensen goedkoop kunnen bellen naar het buitenland, met name naar andere continenten. Je herkent de belhuizen aan de cabines waarin een deel van de ruimte is onderverdeeld. Ook bushaltes kun je noteren, met een verschillend nummer voor elk type: is het alleen een bordje aan een paal? Staat er een bankje bij? Is het een hokje? Is het een hokje waar je ook in kunt zitten? Is het hokje transparant? Hangt er reclame aan de wand van het hokje? Maar je merkt gaandeweg dat je jezelf de moeite van het nummeren van die laatste dingen kunt besparen in deze stad. Alle bushokjes zijn transparant. En aan de zijwand hangt altijd reclame.

Het is niet altijd duidelijk of er binnen een gecontroleerde ruimte ook niet-gecontroleerde ruimte bestaat. Campings, bijvoorbeeld – er zijn er een aantal binnen de stadsgrenzen – kunnen naast toeristen en weekendbezoekers die ergens anders wonen, ook mensen herbergen die daar permanent verblijven. Dat is niet te zien aan de camping. Je zou de mensen moeten spreken en dan zouden ze je misschien wel of misschien niet vertellen hoe het in elkaar zit. En je zou het ze niet kwalijk nemen als ze je niet vertellen hoe het in elkaar zit. Dus je vraagt niets en je noteert alle (sta)caravanclusters. Dan zeg je niets over de functie die de (sta)caravans hebben. Sommige maar niet alle (sta)caravanclusters zijn campings. Sommige liggen ver buiten bewoond gebied. Andere liggen in woonwijken, gescheiden van de rest van de woonwijk door een muur of een heg of iets dergelijks, maar verder wijken ze weinig af van de andere woningen. Je vraagt je af of het verblijven in zo'n stacaravan niet gewoon een vorm van wonen is. De aanwezigheid van de stacaravan, of het prefab huis, is niet altijd een indicatie van niet-gecontroleerde ruimte.

Om bepaalde ruimten te onderscheiden van andere, moet je een beroep doen op de benoeming van die ruimtes. Afval zal iedereen herkennen als afval, zonder dat daar woorden voor nodig zijn. Maar of je ergens in de publieke ruimte alcohol mag drinken of niet - of liever alleen niet, want waar het wel mag, of tot waar niet, staat nergens - kun je alleen weten als je dat bord kunt interpreteren. De alcoholvrije ruimte is een ontwerp, een markering. Hij heeft een signatuur. Een intentie. Ontwerp is onlosmakelijk verbonden met benoemen, met betekenis geven, en hoort dus bij de betekenis van de stad. Zodra je de benoeming van een ruimte herkent, herken je het territorium. Je kunt alleen recreatiegebieden noteren omdat je dat woord herkent op de borden waarop het voorkomt. Sommige functies, intenties, zijn alleen van elkaar te onderscheiden op basis van die benoeming. Hun visuele kenmerken verschillen in niets van elkaar buiten het woord waarmee ze aangeduid worden. Als je deze benoeming buiten beschouwing liet, zou je bijvoorbeeld scholen niet kunnen onderscheiden van gevangenissen. En gevangenissen niet kunnen onderscheiden van kantoorgebouwen. Het is de taal, de benoeming, die scholen en gevangenissen en kantoren van elkaar onderscheidt.

Sporen van informeel ruimtegebruik, zoals illegaal gedumpt afval, zijn te herkennen zonder taal. Omdat de niet-gecontroleerde ruimte niet benoemd wordt. Bij paadjes in het gras of in de bosjes die niet aangelegd zijn maar ontstaan door gebruik, staan geen bordjes. Ze hebben geen naam. Ze zijn geen onderdeel van een recreatief routenetwerk. Ze staan niet op de kaart. Ook de plek waar de bedelaar zijn stek vindt, de zwervende haar slaapplaats, de prostituee haar klant, zijn niet officieel benoemd. De plekken waar kinderen hutten bouwen, mensen anoniem seks hebben, tieners voor het eerst zoenen of hun eerste joint roken, waar jongens zich aan elkaar meten per motorfiets, waar mannen hun bier drinken uit blik. Plekken waar je kunt plassen, waar je alleen kunt zijn, waar je je rommel kunt dumpen zonder omkijken, waar je dronken kunt worden, waar je je eigen spoor kunt achterlaten op een muur, waar je zomaar wat rond kunt hangen zonder doel, zijn niet benoemd. Als je ze nodig hebt, weet je ze feilloos te vinden, zonder woorden.

Je moet bepalen of graffiti bij het domein van de taal hoort of niet. Het lijkt vaak taal te zijn die richting taalloosheid gaat, die zichzelf onleesbaar maakt. Je zou graffiti tekeningen kunnen noemen waarin de grenzen van taal opgezocht worden in het grafische. Soms wordt er duidelijk gebruik gemaakt van taal, zoals in de heldere, kwade slogans die je hier en daar tegenkomt. Je kunt graffiti onderscheiden van andere (taal)uitingen, zoals verkeersborden en reclameslogans, omdat je ze herkent als handgeschreven. Handgeschreven en dus op zichzelf staand. Individuele handelingen, geen corporatieve. Ook als je de taal van de stad niet sprak, zou je graffiti herkennen als uiting en onderdeel van niet-gecontroleerde ruimte. Je merkt dat de handgeschreven uitingen voorkomen in de tussenruimtes: onder bruggen, in treintunnels, op muren die de achterkant markeren van iets. Op dichtgetimmerde woonruimtes. Of, heel klein, op elektriciteitskastjes tussen twee gebouwen of aan de rand van de stoep.

Maar op welke manier zet je graffiti om in stippen op de kaart? Wanneer is iets één graffito? Als je elke minuscule krul op een elektriciteitskastje of hekje of raamkozijn of lantaarnpaal telkens noteerde met een stip, wat zou je dan doen met een metershoge figuur? Een dikkere stip zetten? Meerdere stippen? Maar waar houdt die metershoge figuur op? Vaak gaat hij over in een andere metershoge figuur, of staan er kleine tags en andere figuren overheen. Het is onmogelijk om vast te stellen wat een graffito is. Toch is het, in tegenstelling tot de beveiligde omgeving, duidelijk waar graffiti ophoudt, waar de handgeschreven (taal)uiting niet meer manifest is. Een stip per vierkante meter graffiti bijvoorbeeld, is mogelijk. Het is een beetje schatten en een beetje afronden. En je registreert alleen graffiti die een vierkante meter of meer in beslag neemt. De kleine tags op elektriciteitskastjes e.d. vallen af. Met alle fenomenen die je intussen telt en noteert, en alle nummers of kleuren die je moet onthouden, is dat niet zo erg.

Met het noteren van graffiti stuit je op de grenzen van je kaartmakerij. Juist omdat je ervoor kiest om het wel te doen. En de graffiti die minder dan een vierkante meter in beslag neemt, weg te laten. De kaart is zwaar geworden. De bovenste laag van het papier is afgesleten daar waar je de kaart gevouwen hebt, en opnieuw gevouwen. Er zitten barstjes in het papier over stukken land en water. De rode inkt van het fijne pennetje is hier en daar uitgelopen. Je kunt de kaart niet de hele tijd in het plastic mapje houden waarin je hem meeneemt, en er hoeft maar één druppel regen te vallen om de inkt van een nummer een hele wijk te doen wegvagen. Als het regent, houd je de kaart zorgvuldig tegen je aan gedrukt, waardoor je anders gaat lopen, minder ontspannen, en spierpijn krijgt in je schouders. Op sommige plaatsen op het papier kun je niet eens meer een nummer zetten. Ze zijn te glad geworden van het zweet en het vuil aan je handen. Je zweet en je vuil zijn in het papier gedrongen en hebben straten en pleinen nummerproof gemaakt. Op andere plekken krioelt het van de zo klein mogelijk geschreven nummers en van de lijnen, over elkaar heen, naar elkaar toe, doorgetrokken tot aan de rand van het papier omdat daar nog een beetje plaats was om iets te noteren. De kaart wordt zolangzaam aan onleesbaar voor jezelf.

Toen je net begonnen was met lopen, waren de kaart en de fysieke werkelijkheid twee verschillende dingen, maar hoe onleesbaarder de kaart wordt, hoe dichter hij bij de fysieke werkelijkheid komt. Je zou hem aan de muur kunnen plakken die een achterkant van iets vormt om de volgende loper, diegene die in jouw voetsporen loopt, de vraag voor te leggen of de kaart aan de muur een graffito is of niet: een combinatie van een gedrukte en een handgeschreven uiting, aan de muur maar er niet rechtstreeks op geschreven of gespoten. In het begin was de kaart een representatie van de ruimte op een vlak. Steeds meer wordt hij een object dat gemaakt wordt door jouw bewegingen in de ruimte. De vouwen, het traceren en het zweet zijn geen representatie van de ruimte maar zíjn de ruimte, de ruimte die zijn weg heeft gevonden in de kaart. Ze zijn de fysieke situatie waarin de kaart zich nu bevindt.

Zo gaat het ook met jou. Je hoeft niet meer na te denken over welk nummer ook weer bij welk fenomeen hoort. Je weet intussen dat welke lijn je ook loopt, je altijd het gevoel zult hebben dat je verkeerd loopt in deze stad. Je bent niet verbaasd meer dat je buurten inschat aan de hand van de huisvuilcontainers die onder de grond gemaakt zijn en de bloembakken langs de gevels. Je kijkt niet naar de winkels maar naar de camera's en de geldautomaten. De spierpijn wordt minder. Als het regent, wacht je in een bushokje tot het droog is. Je hebt geleerd te wachten. Soms wacht je niet tot het droog is, maar wacht je gewoon. Zonder te kijken of te registreren. Wachten zonder iets te doen. Het niets-doen begint daar. Met elk fenomeen dat je registreert, elk nummer dat je op de kaart zet, weet je minder zeker waar je bent. Je krijgt geen grip op de ruimte door fenomenen te noteren in de vorm van nummers op de kaart. Je wilt ook geen grip krijgen op de ruimte.

Het lopen is geen metafoor. Je loopt geen honderden kilometers door een stad om er eigenlijk iets anders mee te bedoelen. Het lopen is hoogstens een metafoor in de letterlijke betekenis van het woord, de betekenis die ontdaan is van alle metaforen, namelijk de metafoor als transportmiddel. Als in 'je neemt de metafoor van A naar B'. Dat is helder en eenduidig. Je verplaatst je te voet van het meest noordelijke punt naar het meest zuidelijke punt. Of je neemt de veerpont als metafoor. Je steekt over, en loopt verder. Het lopen van noord naar zuid, het nemen van de veerpont, het oversteken, verwijzen niet naar iets anders, verwijzen naar niets anders dan hun eigen fysieke werkelijkheid. Net zoals de blauwe lijn op de kaart voor degene die vreemd is, naar niets anders verwijst dan naar een blauwe lijn. De metafoor die je neemt, draagt van alles, over het water, van noord naar zuid, maar draagt geen betekenis. Bij betekenisoverdracht moet er een grond zijn tussen twee dingen of plaatsen, een reden waarom ze met elkaar vergeleken worden. Maar er is geen grond. Bij het transport van wat je ervaart naar de tekst, stuit je onvermijdelijk op een gat. Taal en ontwerp zijn altijd metafoor. Tussen taal en ontwerp aan de ene kant en dat wat plaatsvindt aan de andere kant, gaapt altijd een gat. De tekst is geen ervaring, de kaart geen ruimte. Een stip op de kaart op de plaats van de golfbaan is niet het zetten van een stip op de kaart op de plaats van de golfbaan. Zeggen dat je bij een golfbaan aankomt na een dag lopen is niet aankomen bij een golfbaan na een dag lopen. Als je bij een golfbaan aankomt aan het eind van een dag lopen, zeg je niet zoveel meer.

◆

Je loopt totdat je te moe bent om verder te lopen. Je stopt met lopen omdat je tegen een laatste grens aan zit. Je kunt niet meer en je moet stoppen. Je getraceerde zigzaglijn wordt onderbroken. Misschien aan de rand, bij een bordje waar de naam van de stad opstaat. Misschien in een buitenwijk. Misschien bij een golfbaan. Misschien dicht bij een station. Misschien bij een meer in een recreatiegebied. Je stopt met stippen zetten, of nummers, met het tellen van camera's en fietsrouteborden en al de rest. En je staat aan de rand van de stad bij het bordje of in de buurt van een station of aan de rand van een meer. Je stopt de kaart weg, je stopt de pennen weg. Want om terug te gaan heb je niets aan de kaart. En je moet terug want je kunt niet meer verder lopen.

Er is geen snelle verbinding tussen de plek waar je gestopt bent met lopen omdat je te moe bent geworden, en het punt waar je was gaan zitten om de lijnen te trekken op de kaart. Je moet een bus nemen, een trein nemen. Je moet een bushalte vinden. De bushalte staat niet op de kaart. Je moet de kortste weg naar de dichtstbijzijnde bushalte vinden. En dan een bus nemen die een route rijdt die je brengt naar waar je vandaan komt. Met de mensen in de bus die zo snel mogelijk ergens willen aankomen. En je weet niet waar je zou moeten aankomen. En de camera's en de fietsrouteborden en de graffiti en de geldautomaten en de hekken en al de rest zweven aan je voorbij. De fietsrouteborden, die mensen altijd laten weten waar ze zijn, zodat ze altijd, altijd veilig zijn. En je denkt in nummers. En als je je ogen dichtdoet, zie je rode lijnen en zwarte tekeningen op wit papier voor je. En je moet focussen op de juiste halte maar je ziet alleen maar bushokjes, met of zonder bankje maar altijd transparant en met reclame aan de wand. Je moet focussen op de juiste halte, maar er is geen juiste halte, op het punt dat voorafging aan dat waarvan je vertrok. Maar dat is geen logisch punt om naartoe te gaan.

Je bent in de stad, of toch in het gebied dat binnen de lijnen ligt waarvan op de kaart in de legende staat dat ze de gemeentegrens van de stad aanduiden. Je komt langs wegen en wijken en parken maar wegen en wijken en parken liggen niet op dezelfde manier binnen de gemeentegrens als de rasterlijnen van de kaart die je gevolgd hebt. En je wil dit onderscheid negeren maar dat kan niet want de route van de bus gaat via wegen en wijken en parken en je moet terug. De lijnen in de stad hebben geen betekenis. Je weet waar je moet uitstappen maar het is geen logische plek. Je loopt een stuk. Je kijkt niet op de kaart. Je vindt het punt, het punt dat voorafging aan dat waarvan je vertrokken bent. Je kent het punt niet. Je kent de stad niet. Je doet er lang over om bij de plek te komen. Je bent er nog nooit geweest. Of misschien ben je er wel al geweest. Het zou de stad waarin je woont kunnen zijn, maar ook een andere stad.

1

You put a dot on a topographical map of the city, or at least on the map of the area within the lines which in the legend are said to indicate the municipal boundary of the city. You put the dot on the intersection of the line that indicates the municipal boundary in the north and the most western vertical gridline on the map within the municipal boundary. The gridline does not lie within the municipal boundary in the same way a road or a neighbourhood or a park lie within the municipal boundary. The line does not form part of the meaning of municipality but of the co-ordinate system of the map. When putting the dot, you start from the outline of the map rather than the meaning of the city. You don't know the place of the dot. You don't know the city. You only see that lines intersect on the map, and you read the words 'municipal boundary' in the legend and you see that they correspond to an encircling line.

From the dot that you placed, you draw a straight line downwards, over the gridline, to where it intersects with the encircling line that indicates the municipal boundary in the south. Two centimetres to the right, to the east on the map, which corresponds to 500 metres in physical space, you put another dot and draw another straight line, parallel to the first one, again using the municipal boundary as starting and end-point. In this way you continue drawing lines, until you arrive at the most south-eastern point. You draw the lines with a fine red pen, so they are clearly visible. You now have a topographical map of an area demarcated by an encircling line and within that encircling line every 500 metres a thin red line from north to south. The lines have no meaning.

There is no fast connection between the place where you sat down to place the first dot on the map and the most north-western point in the area that you defined. Fast connections exist between the central station and the airport, between the hotel and the business district, between the university and the city centre. On the map every point is of equal value to every other point, but within the meaning of the city the most north-western point is no logical place to go to. You take a train, a bus, you don't know exactly where to get off. There is no point of recognition. You walk for a bit, look on the map. It takes you a long time to get to the place. You have never been there before. It could be the most north-western point of the city where you live, but also that of any other city. You take in the place. Then you start walking towards the south, the topographical map in hand, following as closely as possible the first straight line that you drew on it with the fine red pen.

The road goes hardly anywhere straight from north to south, so you walk more or less zigzag. More or less. You make an irregular zigzag movement while you walk. The straight line, the line on the map, cuts through houses, offices, railway lines, water, enclosed industrial areas, roads under construction, woods without footpaths, the motorway. In order to stay as closely as possible on the straight line, you have to diverge from it, sometimes hardly at all, you just turn a corner, sometimes more, as much as a kilometre. At the edges of the city, as you notice, there are few roads and other passages, so your zigzag movement there is large. You always make sure that you are walking as closely as possible on the straight line that you are following. After you have determined that the straight red lines that you drew on the map are meaningless, and that the starting point within the urban area is no logical point to go to, the question that now occupies your mind while you are walking is: what is as closely as possible? And consequently, what is possible?

You walk everywhere you can, except in places where times of admission and/or admission fees apply, or where you have to make your presence known, where you have to identify yourself. You walk everywhere you can go any time, anonymously and free of charge. Whether or not the road is meant to walk on, does not matter. You cross bridges and some car parks; you go through holes in hedges and fences; through those railway stations, parks and sports fields which are not closed during a part of the day or night; you walk on the verges of the roads that have no pavements; through woods without footpaths as long as they are not too dense to walk through. You don't walk through those recreational areas, parks and cemeteries that have opening hours; you don't cross car parks and other places where a gatekeeper or guard asks you who you are and what you will be doing or where you can enter only with a pass. These places you walk round, and you use the first possibility you come across to go back in the direction of the line you have to follow. So what is possible is determined by necessity. By the definition, the limitation of the straight lines.

You don't choose where you walk. You can't let yourself be led by your expectations, by what seems interesting to you, or easy, or adventurous, or beautiful, or ugly. For example, you start in the morning in the north at the ring road. A residential area follows, then an industrial area. When you arrive at the water, you can't go forward but have to walk towards the bridge. You cross the bridge. At the other side of the water you walk back to the level of the line you are following, and continue walking south. A district with office buildings, a ditch, a residential area, a railway line, a little park, a residential area, a shopping centre, a residential area, new development, a railway line, a recreational area on the southern municipal border. You walk 500 metres to the east along the southern border, and follow the next straight line back to the north. You cross the recreational area again, this time along the edge. Then again the railway line, but here you can't go under or over it, so you have to walk back to the place where you crossed it earlier that day. At the other side of the railway line you walk back east, to the spot on the line that you are following now. A residential area, a main road, a residential area, a ditch, a residential area, a ditch, the district with the office buildings, the water, the bridge, the edge of the industrial area, a residential area, a main road, a residential area, the ring road, allotments, a golf course, the border.

The walking is slow. You don't think about the kilometres, about the difference between the kilometres formed by the straight lines and the distances you actually walk. You don't imagine the end of the line. You focus on those things that are immediately in front of you, beside you, beneath you, things you wouldn't see if you drove by car or even rode a bicycle. You walk through places you couldn't access by car or even by bicycle. You have no overview. You lose yourself to the physical space of that moment. That is all there is anyhow. Of all means of transportation, walking is closest to standing still. You move slower than anyone else. Most people are on their way to something, while you are busy making sure with every step that you are walking as closely as possible on the line to be followed. You take in everything you see with an equal level of concentration. At least, that is what you try to do. Just like on the map every point is of equal value to every other point, you try to attach equal value to every place, following the logic of the straight line rather than the routes that are related to the meaning of the city. The most important question you ask yourself is: can I pass through here? And you take the consequences of the answer. If you can, you must. The uncertainty about where you end up, and when, you accept.

The slow pace at which you move through every area makes that area different for you than it is for the people whose pace is adapted to the environment. You find that certain places are not meant to be approached on foot: the football stadium, the tall office blocks of glass and steel, are meant to be seen from the motorway. They lose their presence if they are perceived from the narrow footpath along their flanks that you walk on. You look at nothing more than a blind wall or the legs that support the building. There is no overall picture. You are in an environment which people only approach by car and gain access to with passes. Also in the harbour you find that your presence as a pedestrian is out of place. You walk kilometre after kilometre, for nothing. Your walking movements stand in an unfamiliar relation to the environment. The harbour is not designed for pedestrians. There are bicycle lanes though. Bus shelters too, sometimes in the most desolate places, sometimes near a handful of office buildings, with a schedule of Monday through Friday between 8 am and 6 pm, sometimes next to roads that do not even have a pavement. You pass buildings that you would take for granted from a car window but that you never place in relation to yourself as a walker. You don't have any mechanism to place yourself in relation to the buildings in this area. When, later, much later, you will walk through the narrow streets in the centre of the city, spaces that are meant to be experienced by foot, you will find that you no longer rely on the mechanism with which you used to place yourself in relation to your environment. Also there you will be in a strange place.

The pace at which you walk through the city makes that you actually move outside the city. While you are on the same road as the car driver, you are in another space. You notice how violent the busy traffic is, how exhausting the noise, once you've walked a while along a main road, how compelling the rush, the speed. How compelling that which is called mobility, that which keeps people in place by means of efficient connections within the economic space of residency, labour and leisure. You cannot keep up with the prevailing pace. And outside that pace there is not much left of the city.

You are not on your way to somewhere. If someone asked you on the road where you wanted to go, if you were bending over the map to determine which route was closest to the red line for example, you wouldn't be able to give an answer. You could say, I'm not going anywhere, I'm following a straight line as closely as possible. Or, the shortest route northwards to the municipal border. Or, it is not that relevant where I'm going but can you tell me if there is an exit on the other side of these grounds? Or, I can't answer your question but can you tell me where the north is? Or, I'm going north but can you point out for me on this map where I am? You wouldn't be able either to answer the question, if asked, whether you were looking for something. However inexplicable this would be to the person who asked you if you were looking for something, you are not looking for anything. Looking for something is the result of an expectation, and you don't have any expectations. You may be looking for the way north, but you don't expect to find anything in particular in the north. So you say nothing.

You walk alone. When you walk alone, you find that there is always someone who went before you, that you always walk in the trail of another. Even in the most remote or inaccessible areas. It happens that you walk along a fence or a hedge and you think, a bit further down there, I'll have to pass through. When you arrive at the spot, you find that there is a hole in the fence or hedge, that someone passed through there before you. Someone else had the same thought. In this way also footpaths are formed, in woods and through grass plots. Footpaths that were never designed but were formed because someone had to use that route, whether it was a permitted one or not, and because others felt the same need and did the same thing. In your walking movements you are not different from the others. You realise that you are not different from the others because you walk alone, because you walk slowly and because you walk lines which cleave the whole urban space without distinction based on economic gain. And because you don't have answers to questions about what you are doing and where you are going, about your presence and the direction you take.

When you approach an intersection, you find that people have often turned it into something more than a traffic junction where you can change direction. There is always something going on at an intersection other than traffic changing direction. Crossings are often places where people set up a flower stall, or a chips shop. Or a kiosk. Where there is a café and a bus stop. Between the existing signposts people leave their own messages, a handwritten text or a pasted poster. They take advantage of the traffic flow. They make use of the passage, of the possibility of passage. When you approach an intersection, you find that you don't only approach a traffic junction, but a place. A place where someone made use of an opportunity, and then another person did, and yet another.

Opposite the crossing is the dead end street. If you take the trouble to walk to the end of the dead end street – and if you follow the lines you have to follow, you have to, because you don't always know at the beginning of a street whether it is a dead end – you find that there, too, someone went before you. Someone who made use of the impossibility of passage. At the end of a blind alley, a quay, a path or a car park there is always a sign of life: there's a mattress, it smells of piss or the wall is covered in graffiti. Sometimes it is not entirely clear how the place is used, but there's always waste lying around.

The walking is uncomfortable. You walk a long time, the whole day. Heat, rain or cold make it unpleasant. By following a straight line, you don't always walk on the pavement but also on the sloping verge of the road or on soggy grass. Sometimes you walk on a bicycle lane or on the road itself. Your feet start to hurt. Sometimes they get wet. You try not to think about the many kilometres but you find that you keep counting on walking a straight line. That line is an illusion. In reality you continually diverge from it. You often walk from west to east. All too often.

Frustration about having to walk round builds up in the course of the day. Your back hurts from your bag. You get tired but you feel less and less like sitting down somewhere to rest. Buses run but they don't seem to be part of the possibilities any longer. You simply have to walk.

You never know exactly where you are. You orientate yourself by means of the north and the south, which you never otherwise use for orientation. You don't only feel this if you have to deviate from the footpaths in a wood in order to follow the straight line, an experience which makes you realise how much you depend on the existing infrastructure of the built environment. Also within that infrastructure you always feel that you're walking the wrong way because the economic lines in the city are different from those you're trying to follow. Streets lead to the centre of the district or to the sports park, roads lead to the city centre, to industrial areas or to the motorway. But you're not going to the centre or the industrial area, you're going straight ahead. Signposts, street names and indications of distances are of no use to you. They give you no information about where you are and where you are going. You become slightly alienated from all those signs and words, which seem to have less and less to do with the urban environment that you actually experience while walking.

You are on the look-out for buildings and places that can be useful to you at that moment. Important questions you ask yourself are: where can I shelter from the rain? Where can I pee? Where can I eat my sandwich? Also in this respect you are not different from the others in whose trails you walk. Also they have asked themselves: can I pass through here? You learn to read spaces from the perspective of your primary needs, which are also those of others. What gives shelter to you, gives shelter to everyone. What exposes others, also exposes you. You eat your sandwich in a bus shelter, in a place where you've never been before, or maybe you have been before, with a view of a block of houses or a busy road. It is dry in the bus shelter. You are protected from the wind. Usually there are seats. The bus shelter is always open. It doesn't cost anything to sit down. Nobody asks you who you are or what you are doing there. Sometimes you're alone, sometimes there are other people, waiting for the bus. It feels uncomfortable. Your hands are dirty but you can't wash them anywhere. Maybe you had wanted to have a pee first, but there was no occasion, no suitable place. Sometimes it's warm, you're wet with sweat, and you hope you took enough water with you. Sometimes it drizzles, and you hope the rain won't become heavier. If it's cold, you quickly eat your sandwich in your winter coat, so you can get going again as soon as possible.

1

You discover that petrol stations and hospitals are good places to pee. The toilets are free of charge and, unlike when you pee in the bushes somewhere, you can wash your hands. You move with the flow of people who walk in and out and whom no one checks to see if they actually visit a sick person, refuel or buy something from the shop. Despite the many security cameras that typically surround petrol stations (people and number plates are accurately and frequently registered), you easily walk in just to use the toilet. Sometimes you buy a coffee in a paper cup, but not because it is compulsory like in a café. The petrol station with its facilities is not bound to a neighbourhood or a centre, or a profession, nor to opening hours sometimes. It is usually located on the outskirts, where the city has more or less ceased, hasn't yet started. Where people don't live yet or anymore. Everyone is on their way, from or to another city, another region. A petrol station is an in-between space for the needs of those who are on their way. The need for petrol, a small check of the car, a break, a coffee, a toilet. Sometimes the woods adjacent to the parking spaces are places for the need of anonymous sex, on the way between work and home.

For the walker of straight lines hospitals have more or less the same function as petrol stations. Here too, living in the city is suspended. Here too, you will always find a toilet on the ground floor that is accessible. There is no lack of control mechanisms either, but since hospitals aren't exactly overwhelmed with passers-by who make improper use of their toilets, these mechanisms aren't applied. This is different in cafés and bars. In a café on a busy square, in a park on near a market, the toilet doors are often locked with a key. You have to ask for the key at the bar, and either order a drink or pay for the toilet. You become visible as someone who has come to have a pee. A café like that is not a favourite place to pee. The bushes are much cheaper. There are no rules there. In the bushes much is possible.

For shelter from the rain bus shelters work best, though seeking shelter from the rain is usually perceived as such an innocent activity that you can also choose less anonymous places for it, like the entrance to a shop or the shelter over the front door of a house. Still, you use some shelters more easily than others. A bus shelter, but also underpasses for example, or the ground under the foliage of a tree hanging over the pavement, are very accessible shelters because they aren't appropriated by anyone. Also the shelter above the door of a shop, an office building or a restaurant, or the entrance of a public building, are easily accessible shelters from the rain. There are people working in those buildings but no one feels compelled to claim the entrance as owned property in which others aren't allowed to stand during a rain shower. You notice that all possible shelters along a wide busy road are easily accessible, the underpass and the shop entrance as well as the space under the balconies attached to a residential block or the shelter over the front door of a house. Even if the people are at home, and you find yourself closer to someone's private space while leaning against the house front than you would standing under the foliage of a tree in the street, you don't feel you're intruding. You are still standing on a wide busy road.

You find that the distinction between an accessible and a less accessible shelter has less to do with whether or not there are people living there than with the immediate vicinity of a space that no one appropriates. The shelter above the door of a house on a wide busy road is only one step removed from that road. If you walked through a residential area without shops and wide roads, and you suddenly had to find shelter in a dry place, you wouldn't easily walk through someone's front garden to stand under the shelter above her front door. So the residential area with the front gardens gives you less protection than the busy road. On the road, you can wait for the bus, shop, work, eat and live. In the residential area, you can only live. If you walked through a residential area and stood under the shelter above a front door, it would become immediately clear that you were not practising the function the environment is intended for, namely being at home. You are exposed in the space under the shelter above the door as home-less.

You don't only read buildings and places in terms of their possible use for you at that moment, also routes only have meaning insofar they take you from north to south and, 500 metres further, from south to north. As you have found, the information on the signs you come across is of little use to you. Cycle routes are signposted along the side of the road. You ignore them as direction signs. Since you often come across these cycle route signs, you find that the routes usually take people over comfortable bicycle lanes along picturesque parts of the city: historical but also brand new buildings of economic and social significance, the river, parks, bits of scenic area that are kept clean and have signs on which nature is explained, recently renovated neighbourhoods, remnants of old villages that are embedded in the urban space, presentable industrial buildings in the harbour area, newly developed prestigious office districts.

It's not that the bicycle routes and signposts avoid the untidy neighbourhoods, the dark little parks and the non-scenic areas. Bicycle routes and signposts are omnipresent. It's rather that the untidy neighbourhoods, the dark little parks and the non-scenic areas are absent. You don't come across any area that wasn't or isn't being at least partially renovated. Little parks are lit at night, and non-scenic areas have been made emphatically scenic by the renovation of old unobtrusive industrial buildings. They now have a bicycle lane on their doorstep, and signs make clear that they are part of a network of places of interest. You ignore this network of places of interest and keep walking, from north to south and from south to north, no matter which networks you traverse.

Sometimes you come across the end of a cycle route, often at the waterfront. The sign near the water says 'viewpoint'. The sign explains what you see. And what you see is nothing in particular. You are in the wrong place here for particulars. Only the few grass blades under your feet are tangible, the picnic table that is sometimes there, and the sign with the explanations. Also here there was someone before you who had the same thought, who just had to react to the scarcity of concrete things in this place, because over the letters on the sign there is a graffiti tag. Illegible as a text but clear as a message: even in this environment, which one wants to consist primarily of an image, it is possible to create something of a real place.

The panorama works contrary to the way in which you experience the environment while walking. What to see from a viewpoint? The vista offers the illusion of having an overview, indicated on a sign. But you have no overview. You can only know things by being close to them, know space by undergoing it. Where the horizon is too clearly visible, experience ends. Sometimes you only find a passage at the moment you're standing right in front of it. A corridor that runs from one street to another right through a building, or a gate that turns out to be unlocked, you only discover if you actually walk as far as that corridor or that gate. Also dead ends, places where you can't pass through, you only reach if you walk all the way to the blind wall, the corner, or the end of the path. But in a vista you cannot walk. From the viewpoint, there is nothing to see outside yourself. From here there is only the way back.

The lines you drew on the map have no meaning. The starting point is no logical place to go to. You don't choose where you walk. You move slower than anyone else. You accept the uncertainty. You are not on your way to somewhere. You are not able to explain this. You walk alone. You continually diverge from the line. You never know exactly where you are. You learn to read spaces from the perspective of your primary needs. You have no overview. You take the way back.

•

When you've walked a whole day from the north to the south and back from the south to the north, through residential areas, industrial areas, recreational areas and more residential areas, and you've arrived at the golf course, the municipal border, you're exhausted, your back and your feet hurt and you see through the boundaries of the city. In one day you've already crossed that line. It's not the edges of the city that function as the border between inside and outside. On the contrary, in physical space the city doesn't really end anywhere. You've taken the municipal boundary as a demarcation for your walking because this is a given demarcation, a border you haven't chosen based on what seems interesting or logical. Maybe you've taken the municipal boundary because it is meaningless as a border. The boundary line can coincide for a while with a canal or a road but usually this doesn't last long. The line cuts through woodland, water, industrial areas, the ring road. On both sides are woods, water and industry. Nothing ends at the municipal border. The municipal border is as meaningless as the straight lines you drew on the map. Apart from the signs with the name of the city, there is nothing to see at the edges that cannot also be seen elsewhere inside or outside the city. The city doesn't end but the encircling line on the map has designated a territory. You have accepted that encircling line as a border.

The borders of the city are of another nature: a golf course is not the end of the city because it is located on the municipal border. A golf course is the end of the city because it takes the place of the uncertain. You try to determine what happens on the threshold, in the space where what is certain changes into what is uncertain, the space that continually moves, shifts towards the edges. You find that the threshold doesn't shift towards the outskirts any longer but that it dissolves. Where exactly is not visible. There is no uncertain space. No shadow left by the old church tower, no run-down and secretly occupied house at the edge, no no man's land near the motorway. The surroundings of the old church tower are brightly lit from all sides. On the place of the run-down house villas are built overlooking nature and near the motorway a new business centre is developed.

Kinds of boundaries there are many. Round almost every school there is a fence, sometimes with barbed wire on top. There are fences round parks. Fences round office buildings and front gardens. Hedges round office buildings and front gardens. Fences round hedges round parks and office buildings. Ditches round garden parks, sports fields, industrial estates. Fences round garden parks, sports fields, industrial estates. Ditches round residential neighbourhoods. High grass along the railway line and the motorway. Flower beds on squares, flower beds between the street and the pavement. Flower beds between residential blocks. Gates next to metro and train stations that you can only open with a digital pass. Barriers next to car parks, barriers next to industrial estates, guards at shopping centres, walls round shopping centres. Walls round residential blocks. Shrubbery between the back sides of office buildings and the footpath, shrubbery between the railway line and the residential area. Barbed wire round nature reserves and dilapidated houses. Barbed wire into the water on the side of a fence next to a ditch, a lake or a canal. Barbed wire round cemeteries. Fences round cemeteries, walls round cemeteries.

But there are also the underground waste disposals in residential areas, the small sports fields on squares and in streets with the fences round them, the alcohol prohibition signs in the streets. There are shops and office spaces on the ground floors of new residential blocks, there is a lot of glass. There are bicycle parking places underground and enormous exotic plants in pots above ground. Lavender beds on the pavements along the walls of apartment blocks and office buildings, wicker garden furniture and flower tubs on the pavements along the walls of houses. There are entrance fees and closing times and smoking bans in the vicinity of buildings. There is street lighting and mirror glass. There are bright cheerful pictures of people in kitchens and living rooms on the boarded up windows and doors of houses where there are no people in kitchens and living rooms any longer, houses that were vacated and will be demolished but with the cheerful pictures have to give the impression of occupied and lively places. There are residential streets where it is prohibited to play football. There is DNA-spray to prevent theft in shops. There are security cameras, everywhere. Bicycle and walking routes, everywhere. There are so many boundaries that you wonder how people in this city ever get anywhere.

Just like the city doesn't end at the municipal border, the neighbourhood doesn't end at the end of the neighbourhood. The transitions are there, yes, in the form of an underpass, a bridge over a canal, or a crossing on a main road, but you find that from district to district you keep crossing to more of the same thing. After the bridge the same blocks of four floors, though the doors may have a different colour, the same playgrounds, the same fences with barbed wire round the schools. On the other side of the main road the same width of the side streets, the shrubbery every so many metres, the same shops in the same place. After every transition the same composition of older buildings with blind walls on the ground floors and new buildings with lots of glass on the ground floors. After every transition you find that you haven't left the neighbourhood, and you think at first this is because you never know exactly where you are because you are trying to follow a straight line, and later you think this is because you're tired, but in the end you have to admit that this has nothing to do with it, that this has nothing to do with it at all but that this city is built in such a way that every next straight line 500 metres further down takes you through exactly the same neighbourhood, and you wonder how many bridges and underpasses and crossings you have to take in order ever to be able to leave that neighbourhood.

If there is a possibility of a transition within a residential area, this possibility does not lie in the distinction between different neighbourhoods but in the physical space between the neighbourhoods between which you cannot distinguish. Only within the physical intermediate space a transition is possible, not from one district to another district but from one space to another kind of space. You can tell by the graffiti in the underpass, the expression of something other than what you've just seen in the neighbourhood behind you, the expression of people who, even for a moment, left the generally accepted space. To say something. Something that is theirs. You can also tell by the waste that is dumped freely in the railway embankment or in the little park that you cross between two neighbourhoods, the candy wrappers, the cigarette ends, the empty cans, the plastic containers. In the intermediate space people don't hide waste. That is why intermediate space belongs to the hidden. You notice that young people don't meet in streets where there are only houses – those streets are usually empty – but in these intermediate spaces: the benches near the shops, the little park or the bus stop on the road that separates two neighbourhoods. These places are never far from the residential streets, just a few corners away. So you do come across them, the small interruptions in the function of residency, the possibilities of transitions.

More clear are the transitions between the end of a residential area and the beginning of a different kind of area, like a sports field or an industrial park or a recreation area. Not that the difference between a residential area and a sports field is so significant. No, from residential area to sports field or industrial park you don't move to another kind of space. You stay within the prevailing economic space of residency, labour and leisure. Also here it is only in the intermediate spaces that people step outside what is generally accepted and find an opening to another space. There is often a green area, a car park, an anonymous road, a footpath between the back of the buildings and a canal. Sometimes you find shit there that cannot belong to dogs because there are used tissues. You find condoms, needles and empty beer cans. You find shopping bags with clothes. You find sleeping bags, mattresses and toilet rolls. People you hardly find there. You quietly walk as precisely as possible your straight line between the traces of the greatest common denominators of human existence: crap, urine, blood.

The place that people appropriate to cross the border, not from one social space to the other but from social space to common space, is taboo in the city. Intermediate spaces evoke the hidden, and are therefore kept invisible. But they are also, so you find, minimized, suppressed and denied. Though you come across them while walking, they are scarce. Often there is a fence round the railway embankment, a playground for small children instead of a dark park between two neighbourhoods, there are recently laid bicycle lanes and felled trees in green areas. Brightly lit underpasses, new housing along the canal and the edges of recreation areas. The taboo, that which concerns everybody and therefore is common, dissolves in the urban space, in the bright light in the underpass, in the gaze which overlooks the green area now that the trees have been felled. This is why you find so few border areas, why it is so difficult ever to leave that neighbourhood. The spaces of excess are replaced by comfortable transition zones with lots of lighting, zones which smoothly lead to more of the same. Borders in which the qualities of borders, the possibilities of transgression, are lost.

Just like the city doesn't end at the municipal border and the neighbourhood doesn't end at the end of the neighbourhood, the centre of the city doesn't end at the signs that bear the word 'centre'. There are physical boundaries, like water, a busy road, but water and busy roads also form boundaries elsewhere, they are not limited to the demarcation of what on the signs is called the centre of the city. If you traverse the whole city, rely on straight lines and attach equal value to everything you see, the centre falls away in your experience. Or, rather, as you've already established, the boundaries fall away. Even more than other urban areas the centre is characterised by a lack of possibilities, of transitions, of uncertain space. And this movement, this limitation, spreads from what on the signs is called the centre towards the rest of the city, until an area remains that is only centre without periphery.

There are places in the city whose boundary consists of the difference in use depending on the moment of the day. Certain car parks near supermarkets facilitate the hectic coming and going of people doing their shopping during the day, and become meeting places for young people after closing time. Certain parks are the field of dog walkers, joggers and playing children during the daytime, and become sex meeting places after sunset. Like the transition spaces between neighbourhoods, these places occasionally offer the possibility of entering another space. They are close by but outside economic space. The intermediary space comes into being after closing hours, it is made possible thanks to economic activity.

In order to find out whether the same place is used differently during different times of the day, you don't only have to walk long distances during the day, you also have to go back at night. And instead of walking you sometimes have to stand still. By walking, but even more by standing still, you find yourself in a strange place. If you stand still, you're doing nothing. It is visible to others that you are doing nothing. You find that it is difficult to stand still during the daytime in a busy place doing nothing. Even more than when you're walking, you find yourself outside the space of participation. You don't use the space for the purpose it is intended for. You are a do-nothing. As long as you are studying the map you've got with you or are looking round on an intersection to orientate yourself, or hesitatingly take a few steps, people will ask you whether you're looking for something, where you're going or even if they can help. But if you are standing still and do absolutely nothing, passers-by won't seek this contact with you. If you go back to the same place in the evening or in the night, you find that it is softer, slower. The people who are still in the streets tend to question less, but there aren't many. The dark is where the usual traffic ends. The dark lends itself to the common moment, which can be soft or confrontational or both, but which is kept off as much as possible with security cameras, police patrols, fences and lighting.

The appropriation of a place to cross the border from social space to common space, is made difficult for the people in the city, if not impossible. Also in this respect you are not different from the others. Also your standing still and doing nothing is seen, measured by the pace of the city. The lights in the streets, in the fountains, the metro stations, the underpasses, the billboards on bus shelters and buildings, tell you this. The lights in the doorways that automatically switch on if you walk by or stand in the vicinity, make it clear to you that you are too close, too close to something. And you only notice it if you're following a route of which you don't know where it will lead you, if you don't have the same purpose to be somewhere as the person who lives or works there. The lamps in the doorways, but also the lavender beds and the wicker garden furniture on the pavement along the walls, the big exotic plants in pots along the boulevard, the sharply pointed metal edges on low walls and ledges, make your presence undesirable. You can't sit down on the low wall with those sharp metal points, even if you only sat down there to do nothing for a moment. You presence is undesired exactly because you could just do nothing for a moment. Waste time. Be value-less.

And the lavender beds, the lights, the sharply pointed metal edges tell you that your doing nothing is not allowed to be seen, that you should do your doing nothing elsewhere, out of sight. Out of sight of the renovated house and the regenerated boulevard with the exotic plants. Regeneration chases away the do-nothing. Doing nothing has to be made invisible. Just like common space, doing nothing is taboo. You could infer from this that doing something is sacred in this city. Doing something must have a significance that you are not allowed to question. That you cannot question without danger. In the space of doing nothing, you are on your own. You and everyone else.

On the benches in the parks, on the squares and near the playgrounds, there are no sharply pointed metal edges. You are allowed to sit down there. The benches don't belong to the space of doing nothing. So sitting down can also be doing something. Sitting within the bounds of leisure time. And leisure time is not the same as wasted time. Leisure time belongs to economic life. Time spent in a way which is useful for the economy. During recreation people prepare within a defined time frame for again more of the same. The sports fields, parks and cycling routes that end in an image, are organised for this purpose. Walking is part of recreation, walking is done for the purpose of recharging, of getting exercise and fresh air. In order to continue working. Or with the aim of reaching a viewpoint, a monument or an event. In order to spend money in that place and then to continue working, recharged. By walking you don't leave economic space. By walking too long, you do. How long you have to walk in order to leave economic space is difficult to determine. You can only try. Also if you sat on a park bench too long, or you lay down on it, you would move outside the economic space of leisure time. You would abuse the bench, the space of leisure. The park bench is not intended for doing nothing.

The more recreational space is organised in the city, the less common space remains. You can see that this is the intention. In several places there are signs that announce the development of new recreation areas. Bicycle lanes are laid at breakneck speed. Transition spaces disappear as you walk. You come across dark spaces, vague spaces, grubby spaces, which, when you go back a few weeks later, have disappeared, no longer exist. Cannot be found. Are lit. Cleaned up. The more recreational space is set up, the more difficult it becomes to do nothing. The smaller the possibility of the uncontrolled, of insight into the hidden. The less transitions, the bigger the confrontation-free zone. And you find that, whichever line you walk, the confrontation-free zone always extends from the smallest sharp metal point on a ledge in the centre to the most extensive golf course on the outskirts.

You pause near the small fenced in sports fields in the streets of the city. They make it easy for people to play basketball there for example. But they also make it impossible for people to do something else in that place. Because that place is not intended for something else. And they make it impossible for people to play basketball elsewhere, outside the sports cage. Because the place elsewhere is not intended for playing basketball. Every place is intended or not intended for something. The presence of the many sports cages doesn't tell you that the people in the city like to use them for playing sports. Sometimes the cages are occupied when you walk by, which can be at different times of the day, but more often they are deserted. If they are occupied, it is by young people. The presence of the many sports cages tells you that the city wants (young) people to play sports. And that they play sports there. And that they don't do something else there. And that they don't play sports somewhere else. The presence of the many sports cages tells you that the city doesn't want people to just play some sports in any place they choose.

Also the shops and office spaces that appear on the ground floors of new residential blocks tell you that just playing some sports or hanging about in places that people choose for themselves, is impossible. On the ground floors of the older buildings there are usually storage spaces or garages. Their (almost) blind walls can be used for all sorts of things. The walls of the new buildings mostly consist of glass, which is not very useful. In addition the people who occupy the ground floors tend to appropriate a part of the pavement, so that the bit of pavement left for pedestrians becomes too narrow to hang around or stand still and have a conversation and you can only keep on walking. Laying two jackets on the ground to mark out the goal, the demarcation of a small, convenient self-chosen football field for a certain moment, is impossible.

Putting your bike against the wall of a new public building while there is an underground bicycle parking place which, so yet another sign states, one should use, is impossible. Sitting down on a bench that is placed against the wall of a house while you don't live there. Choosing a dark route while there are plenty of opportunities to walk through brightly lit streets. Walking through the park at night instead of going round it. Taking a short cut through the common instead of following the road. Standing still in front of a building instead of going in or walking on. Standing still in an underpass instead of walking through it. Walking instead of taking the bus. Standing still instead of walking. Entering a dead end street while you don't live there. Walking on the verge instead of on the pavement. Sitting on the ground outside the park gates. Lying down on the ground. Falling asleep. Impossible. The more boundaries come into being, the more actions like playing football, sitting down, standing still or putting your bike somewhere, become impossible actions. Become excluded from what is possible. The more boundaries, the more you who play football, sit down, stand still or put your bike somewhere, are excluded. The less willingness there is to let what happens take its course, the more, out of sheer necessity, you transgress. You stumble over the boundaries. You have no choice.

There are few border crossings possible in the city. The fringes and intermediate spaces disappear. The border area has not moved outwards but inwards. To the sharp metal point on a ledge. And from there to a mental state. You find that the gated community is not something that takes place somewhere else and that you prefer not to be a part of. You are already part of it. You wonder how this came about. Whether it has always been like this. And if it hasn't always been like this, what the moment was you started being part of it. But there was no moment. The gated community is a sliding scale, a stealthily shifting border that gains more ground every day. You have become the border area. You and everyone else.

•

You started from the topographical map. You put a dot on that map and then went to the place of that dot. But how did you connect the point on the map with the point in space? How do you know the point in space corresponds to that on the map? How do you know such a correspondence exists? Even if you have never been to that point in space, have never set eyes on that map, you are able to connect the two points. From where you are, you could walk in any direction until you come across a sign with the name of the city on it. You could infer from the sign that you are near the city border. For why would there be a sign with the name of the city on it in a place somewhere far away from the city, a place that has nothing to do with the city? And why would there be a sign with the name of the city on it in the middle of the city while the area surrounding the sign, and the areas surrounding that area, also bear the name of the city? So you are standing on the border. From the direction of the text side of the sign you could infer which area is inside the city and which area is outside the city. Once you've arrived at that sign, you could compare every point on the municipal boundary on the map with the point in space where you are standing. You could look at narrow streets, broad streets, trees, water and such. When you have found the place on the map of which the outline corresponds to the space in which you are standing, you could know where you are in relation to the most north-western point, which is where you have to go. Then, using the map, you could walk to it. Yes, that is how you could do it.

However, if you are not already in the city the moment you start walking in any direction, you might have to walk very long before you encounter a sign with the name of the city on it. You could take a train. The train is not always free and accessible, but suppose you took it anyway. You could get off as soon as the name of the city was announced. Then you could search on the map, which includes railway lines and stations, for an outline that corresponds to the space you are standing in. As soon as you found the correspondence, you could know where you are in relation to the most north-western point in the city. Then, using the map, you could walk to it. But what can you do if you don't know whether you are already in the city before you start walking in any direction or take a train? You could take a train and get off as soon as a place was announced with a different name from that of the city. When you get off there, you are certain that you are not in the city. Then you could take a train and get off as soon as the name of the city was announced. And follow the procedure with the map from there.

You might have to take a plane. In any case, for your starting point you depend on the name of the city. You know that the sign with the name of the city is on the municipal border of the city and not somewhere far beyond the city or in the middle of it. You have a certain knowledge of these things. This knowledge precedes the map, and is at the same time produced by it. Even if a certain gridline says nothing about the meaning of the city, the codes the map is composed of belong to the knowledge sphere of the territory that generates itself through the map. If you hadn't been able to read the map, if you didn't already know the codes beforehand, you wouldn't have arrived at the point from which you started. You know that blue means water. You know the meaning. For a complete stranger the map is illegible. On an illegible map a blue line refers to nothing other than a blue line. In order to be able to read the map, you need to have a knowledge of the codes of which it is composed. And in order to have access to that knowledge, you have to be able to read the map. Within the territory that the map represents, there is no room for the unknown. The map is not intended for helping strangers find their way. The map is intended for people who already know the way.

In order to know the way in the territory, you have to give up being a stranger. The territory continually brings forth itself, through new lines on the map, by introducing new codes such as the disappearance of transitions in the city. With every cut down green area the map reconfirms itself, in this case by including codes for confrontation-free zones. In order to keep knowing the way in the territory, you have to give up being a stranger over and over again. You have to move into a space without transitions. You have to become part of the code. In order to keep recognizing yourself, you have to give up knowing the way in the territory. Replace the knowledge of the territory by experience of space. By being a stranger and reading the map incorrectly, by following a line instead of a street, you engage in a spatial experience that is not determined in the codes of the territory. You make the map as unreadable as possible by drawing straight lines on it. You proceed to the point which is not your starting point but which is your starting point after all because it is the point from which you start being a stranger.

Of all possible maps the topographical map supports this discovery best. There is no street name index. No buildings or areas are indicated as more important or worth seeing than others. There are no advertisements of hotels, restaurants and galleries. The centre is not enlarged and represented in a separate frame. No areas are indicated as less important or less interesting by being represented on the back of the map. The map has no easy to carry format. It does not include a public transport network. No phone numbers and addresses of public services are listed. The topographical map shows the place without pushing you in a certain direction, it doesn't interpret the space it represents. Over here is woodland and over there are buildings. The rest is up to the user of the map. The topographical map is best capable of leaving the walking to the walker, of not diverting the question 'where am I?' in the direction of a place of interest but of allowing the question to remain open.

Where you are, in what kind of place you are, you can tell from physical characteristics, from traces of the use of space. You find that there are security cameras everywhere within the municipal border except in nature reserves, and that there are more security cameras in some places than in others. So in some places the people in the city find it more important to hang up security cameras than in others. You often see security cameras in places where there are also fences or cash points. There are usually more security cameras near big buildings than near small ones, more near polished buildings than near dilapidated buildings.

Bicycle route signs are everywhere, including nature reserves, where there are no cameras. So bicycle route signs are even more widespread than security cameras. There are also more signs in some places than in others, which indicates a certain importance that is attached to some areas, and less or no importance to others. There are many bicycle route signs in recreational areas but also on busy intersections in the city.

While following as closely as possible the straight lines, you trace on the map the zigzag lines you actually walk through the whole city. Maybe you draw these lines in a different colour. You count the cameras and bicycle route signs that you encounter, and register them on the zigzag lines on the map. You place a dot, and another one, and another one, you place as many dots as there are security cameras and bicycle route signs, on the place on the map that corresponds to the physical space where the cameras and signs are. You don't make any distinction between big and small buildings, broad and narrow streets, scenic and non-scenic areas, or whatever else, you just register all the security cameras and bicycle route signs you encounter on the lines you walk. You do this throughout the city, on all the lines. Perhaps you had better place a number instead of a dot, one number for the security cameras and another number for the bicycle route signs, so that later you can see where there is a security camera and where a bicycle route sign. You could also place a letter. Or dots in different colours, but then you would have to carry all those colour pens with you because it doesn't end with security cameras and bicycle route signs of course once you're busy with this, and for every dot you would have to dig up the right colour while walking and you're already walking very slowly as it is to take in everything with equal attention.

You read the city by means of these recurring traces and characteristics. A cluster of bicycle route signs tells you that you are near a recreation area or a busy intersection, a cluster of security cameras tells you people find there is something to protect. You don't record recreation areas or secure environments. You can't record those. Not without letting yourself be led by what a recreation area and a secure environment mean in the city. And you don't want to be guided by the meaning of the city. In order to record secure environments, you would have to define that environment first, how you recognise it. Fences, walls, cameras and barbed wire could indicate a secure environment but in order to record fences you would need lines instead of dots and you would have to define when something is a fence. Should the secure area be completely surrounded by the fence? Does gauze count? Or only metal bars? If you can easily climb over the fence (and what is easily?), does the fence count as a characteristic of a secure environment? Walls are even more difficult to define. And the place where the 'environment' has its boundaries can't be determined at all. How far does a security camera see? A doorway in which a light switches on when you walk past is also a secure environment. So is an environment with closing times. Wherever there are police patrols, the environment is secure, and this can be anywhere. Just like the city the secure environment doesn't really end anywhere. At most you find a few holes in it here and there.

So you stick to what you recognise as a security camera and a bicycle route sign. This also requires some knowledge but there is little room for interpretation in the recognition of a security camera and a bicycle route sign. It is much easier to determine what a security camera is than what a secure environment is, and to place a dot on the map which refers to a camera than one which refers to an environment. Though while walking you notice also those things that leave much room for interpretation, like fences, you don't record them on the map. With the meaning of these phenomena, what they could signify, why they are present somewhere, you are not concerned. You don't go by what you think should be protected in the city or by beautiful places to cycle. Because you don't really know. You rely as little as possible on anything except your predetermined notion of what a security camera is, a bicycle route sign etc. You only accept what you can observe with your own eyes, and those things you register.

You record phenomena that indicate a certain kind of place, not so much the presence of people but traces of human uses of space. Things that do not move. A police patrol is difficult to reproduce as a dot. So is a wandering person. Moreover, a wandering person is difficult to recognise as such. So you don't record police patrols and persons you think could be wandering, but you do record police posts and mattresses, bags with clothes and blankets found in public space. You can also record people who are stationary in a certain place and whose presence there indicates the nature of that place. Guards in cabins near car parks or at the entrance of buildings, for example. Prostitutes waiting for customers in certain places. Beggars or street vendors who have occupied a space.

There are many more characteristics by means of which you can read how spaces are designed or used. It may be difficult to define a recreation area but you can record the signs on which the words 'recreation area' occur. The borders of a commercial centre cannot be determined but you can register all the cash points. New urban development can be registered by recording buildings of which the construction is unfinished at the time you walk by and signs that announce the development of a new building or area. You can record the signs that prohibit the use of alcohol, though you never know where the area that the sign refers to, ends. There is no end-of-alcohol-prohibition sign anywhere. You can record call shops, places where people can call abroad at cheap rates, especially to other continents. You can recognise call shops by the cabins into which part of the space is subdivided. You can also record bus stops, using a separate number for each type: is there only a sign on a pole? Is there also a bench? Is there a shelter? Is it a shelter with seats? Is it transparent? Are there advertising posters on the side of the shelter? But as you go along you realise that you can save yourself the trouble of recording these last things in this city. All the bus shelters are transparent. And there is always and advertising poster on the side.

It is not always clear whether there exists within a controlled space also an uncontrolled space. Camping sites, for example – there are a few within the municipal border – apart from accommodating tourists and regular visitors who live elsewhere, can also lodge people who live there permanently. This is not visible. You would have to ask the people present and they might or might not tell you. And you wouldn't blame them if they didn't tell you. So you don't ask and just record all the caravan clusters that you come across. In this way, you don't interpret the function of the caravans. Some but not all caravan clusters are camping sites. Some are far away from the inhabited areas. Others are situated in residential neighbourhoods, separated from the rest of the neighbourhood by a wall or a fence or something, but otherwise they differ little from the other houses. You wonder whether living in one of these caravans isn't just a form of official residency. The presence of a caravan, or a prefab house, is not necessarily an indication of uncontrolled space.

In order to distinguish certain spaces from others, you have to rely on the designation of those spaces. Everyone will recognise waste as waste, without any need for words. But whether or not you are allowed to drink alcohol in some public place – or rather only not, for where it is allowed, or until where it is not allowed, is not mentioned anywhere – you can only know if you know how to interpret the sign. The alcohol-free space is a design, a mark. It has a signature. An intention. Design is inextricably linked to designation, to giving meaning, and so belongs to the meaning of the city. As soon as you recognise the designation of a space, you recognise the territory. You can only record recreation areas because you recognise the words on the sign on which they occur. Certain functions, intentions, can only be distinguished on the basis of naming. Their visual characteristics differ in nothing from each other apart from the word with which they are designated. If you disregarded those words, you couldn't distinguish schools from prisons. And you couldn't distinguish prisons from office buildings. It is language, naming, that distinguishes between schools and prisons and offices.

Traces of informal use of space, like illegally dumped waste, can be identified without language. Because uncontrolled space is not designated. For paths in the grass or in the bushes that weren't designed and laid but formed by use, there are no signs. They don't have names. They don't form part of a network of recreational routes. They are not on the map. Also the places where the beggar finds his niche, the wanderer her sleeping place, the prostitute her customer, are not designated. The places where children build huts, where people have anonymous sex, where teenagers kiss for the first time or smoke their first joint, where boys measure themselves against each other on their motorcycles, where men drink their beer from cans. Places where you can pee, where you can be alone, where you can litter freely, where you can get drunk, where you can leave your own trace on a wall, where you can just hang about with no purpose, are not designated. If you need them, you find them unerringly, without words.

You have to establish whether graffiti belongs to the field of language or not. It often seems to be language that moves towards languagelessness, that makes itself illegible. You could call graffiti drawings in which the boundaries of language are explored in the graphic field. Sometimes the use of language is evident, like in the clear angry slogans you encounter here and there. You can distinguish graffiti from other (language) expressions, like traffic signs and advertising slogans, because you recognise them as handwritten. Handwritten and therefore singular. Individual acts, not corporate ones. Even if you didn't speak the language, you would recognise graffiti as an expression and part of uncontrolled space. You find that handwritten expressions are found in the intermediate spaces: under bridges, in train tunnels, on walls that form the back of something. On boarded-up houses. Or, very small, on the electricity boxes between two buildings or at the edge of the pavement.

But how do you convert graffiti into dots on the map? When is something one graffito? If you recorded every tiny curl on an electricity box or small fence or window pane or street lamp with one dot, what would you do with a figure several metres high? Use a bigger dot? Use several dots? But where does the figure several metres high end? It often changes into another figure several metres high, or small tags or other figures are placed over it. It is impossible to determine what a graffito is. However, in contrast to the secure environment, it is always clear where the graffiti ends, where the handwritten (language) expression is no longer manifest.

One dot per square metre of graffiti, for example, is possible to record. You would have to estimate and round off a bit. And you only register graffiti which takes up a square metre or more. The small tags on electricity boxes and such are not included. With all the phenomena that you are recording by now and all the numbers and colours you have to remember, that is not so bad.

By recording graffiti you run up against the limits of your map making. Exactly because you choose to do it. And to ignore the graffiti that takes up less than a square metre. The map has become heavy. The top layer of the paper is worn in the places where you folded the map, and folded it again. There are cracks in the paper over parts of land and water. The red ink of the fine pen has run out. You can't keep the map inside the plastic folder that you are carrying it in all the time, and it only takes one drop of rain for the ink of a single number to wipe out an entire neighbourhood. When it rains, you keep the map carefully pressed against you, which makes you walk differently, less relaxed, and makes the muscles in your shoulders ache. On some parts of the paper you can't even put a number anymore. They have become too greasy from the sweat and the dirt on your hands. Your sweat and your dirt have gotten into the paper and have made the streets and squares number proof. Other parts are teeming with numbers that were written as small as possible and with lines, crossing each other, moving towards each other, extended to the edge of the paper because there was still some space to write something down. The map is starting to become illegible to you.

When you just started walking, the map and physical space were two different things, but the less legible the map becomes, the more it approaches physical reality. You could paste it on a wall that forms the back of something to ask the next walker, the one who walks in your trail, whether the map is a graffito or not: a combination of a printed and handwritten expression, on the wall but not directly written or sprayed on it. In the beginning the map was a representation of space on a surface. More and more it is becoming an object that is made by your movements in space. The folds, the traces and the sweat are no representation of space but are space, a space that has found its way into the map. They constitute the physical situation in which the map finds itself.

So it goes with you. You don't have to think anymore about which number goes with which phenomenon. You know by now that, whichever line you walk, you will always feel you're walking the wrong way in this city. You are no longer surprised that you read neighbourhoods by the underground waste disposals and the flower tubs along the walls of the houses. You don't look at the shops but at the security cameras and cash points. Your muscles are less sore. When it rains, you wait in a bus shelter for the rain to stop. You have learned to wait. Sometimes you don't wait for the rain to stop but you just wait. Without looking round or recording anything. Waiting without doing anything. Doing nothing starts here. With every phenomenon you register, every number you put on the map, you are less certain where you are. You don't get a grip on the space by recording characteristics in the form of numbers on the map. You don't want to get a grip on the space.

The walking is not a metaphor. You don't walk hundreds of kilometres through a city actually to refer to something else. At most walking is a metaphor in the literal sense of the word, the meaning stripped of all metaphors, namely the metaphor as a means of transport. As in 'you take the metaphor from A to B'. That is clear and unambiguous. You walk from the most northern to the most southern point. Or you take the ferry as a metaphor. You cross, and continue walking. Walking from north to south, taking the ferry, crossing, don't refer to anything else, don't refer to anything other than their physical reality. Just like the blue line on the map doesn't refer to anything else for the person who is a stranger. The metaphor you take carries all sorts of things, across the water, from north to south, but it doesn't carry meaning. For the conveyance of meaning there has to be a ground between two things or places, a reason for comparing them. But there is no ground. In the transport of your experience to the text, you inevitably stumble on a gap. Language and design are always metaphor. Between language and design on the one hand, and what takes place on the other, is a wide gap. The text is no experience, the map no space. A dot on the map in the place where the golf course is, is not putting a dot on the map in the place where the golf course is. Saying that you arrive at a golf course after a day's walk is not arriving at a golf course after a day's walk. When you arrive at a golf course at the end of a day's walk, you don't say that much anymore.

•

You walk until you've become too tired to continue. You stop because you've come up against a last boundary. You can't continue and have to stop. Your traced zigzag line is interrupted. Maybe on the border, near a sign with the name of the city on it. Maybe in a suburb. Maybe near a golf course. Maybe close to a railway station. Maybe on the edge of a lake in a recreation area. You stop putting dots or numbers, you stop counting security cameras and bicycle route signs and everything else. And you're standing on the border of the city near the sign or in the vicinity of a railway station or on the edge of a lake. You put away the map, you put away the pens. Because to go back you have no use of the map. And you have to go back because you can't continue walking.

There is no fast connection between the place where you stopped walking because you've become tired and the point where you sat down to draw the lines on the map. You have to take a bus, a train. You have to find a bus stop. The bus stop is not on the map. You have to find the shortest way to the nearest bus stop. And take a bus that runs a route which takes you back to where you came from. With the people on the bus who want to arrive somewhere as quickly as possible. And you don't know where you'd have to arrive. And the security cameras and the bicycle route signs and the graffiti and the cash points and the fences and everything else float past. The bicycle route signs, which always let people know where they are so they are always, always safe. And you think in numbers. And if you close your eyes you see red lines and black outlines on white paper. And you have to focus on the right stop but you can only see bus stops, with or without seats but always transparent and with advertising posters on the side. You have to focus on the right stop, but there is no right stop, focus on the point that precedes the one from which you started. But that is not a logical point to go to.

You are in the city, or at least in the area within the lines which in the legend of the map are said to indicate the municipal boundary of the city. You pass by roads and neighbourhoods and parks but roads and neighbourhoods and parks do not lie within the municipal boundary in the same way the gridlines of the map that you followed do. And you want to ignore this distinction but you can't because the bus route goes through roads and neighbourhoods and parks and you have to get back. The lines in the city have no meaning. You know where to get off but it is not a logical place. You walk for a bit. You don't look on the map. You find the point, the point that precedes the one you started from. You don't know the point. You don't know the city. It takes you a long time to get to the place. You have never been there before. Or maybe you have been there before. It could be the city where you live, but also any other city.

2

Zo dicht mogelijk benaderde, van te voren getrokken lijnen van noord naar zuid op een kaart binnen de gemeentegrens, met telkens 500 meter tussen elke lijn.

Lines followed as closely as possible, drawn beforehand on a map from north to south within the municipal boundary, with 500 metres between each line.

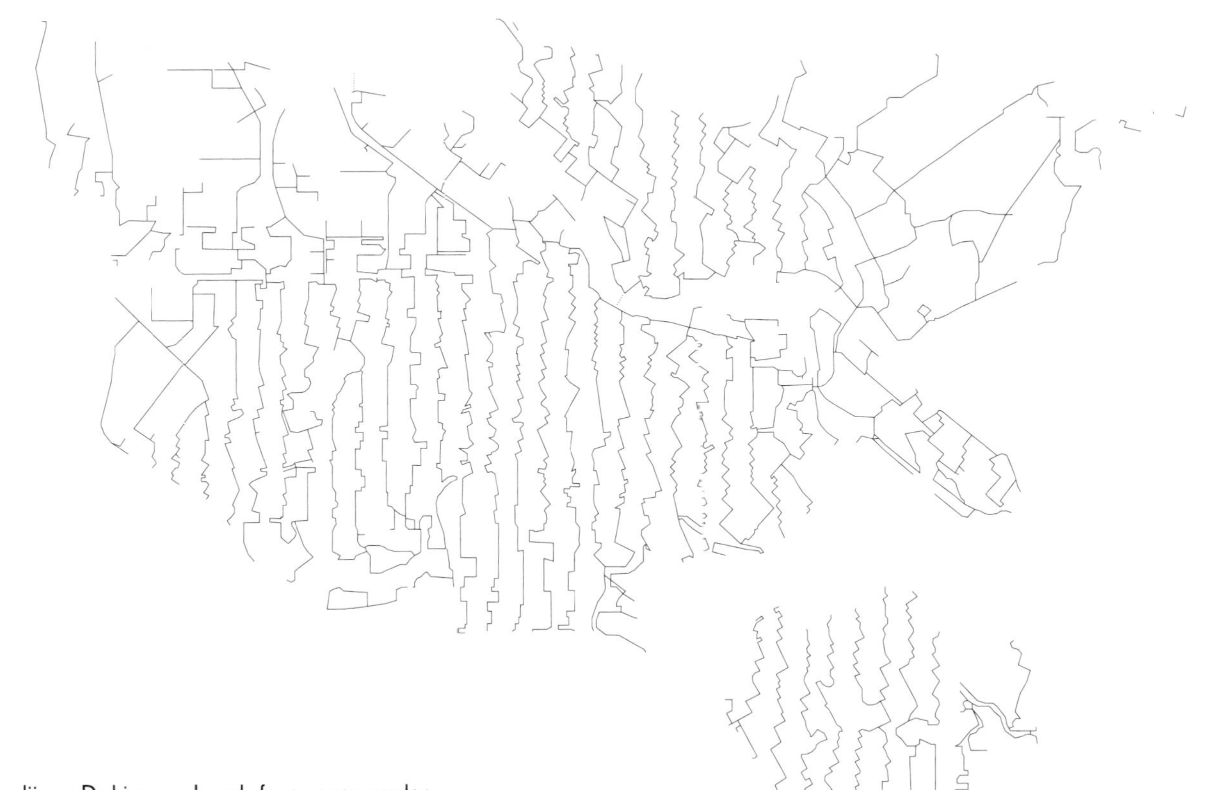

Gelopen lijnen. De hierna volgende fenomenen werden gevonden op de gelopen lijnen.
Walked lines. The following phenomena were found on the walked lines.

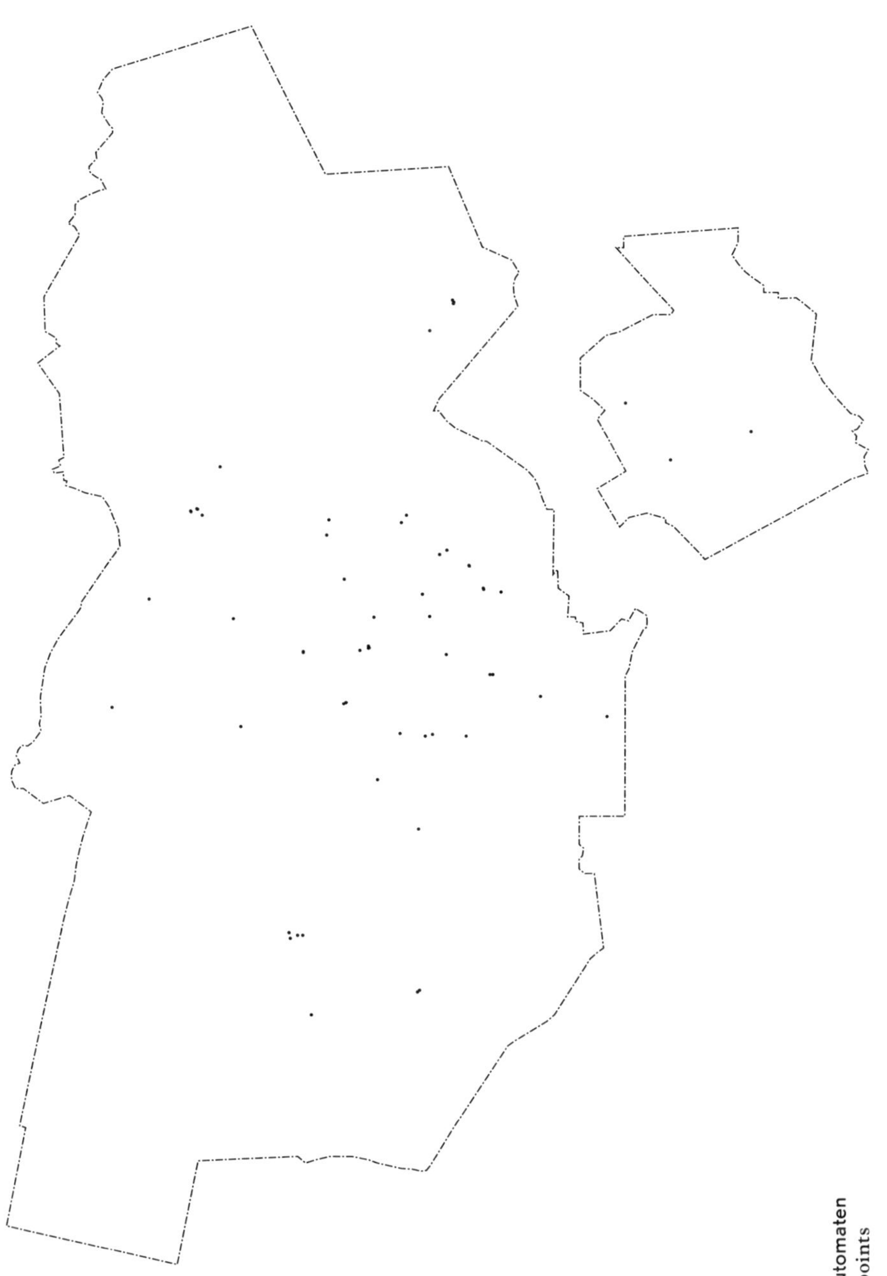

geldautomaten
cash points

2

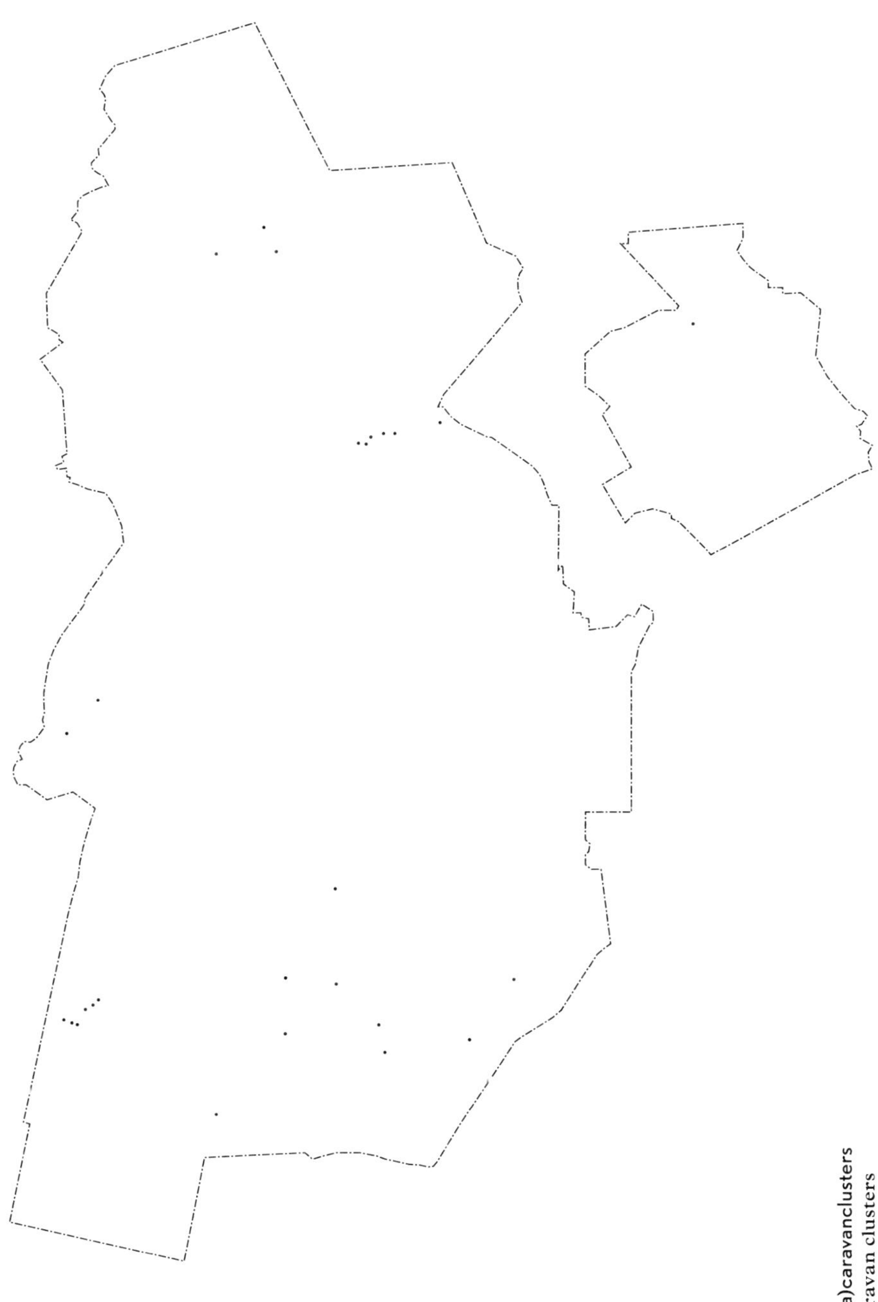

(sta)caravanclusters
caravan clusters

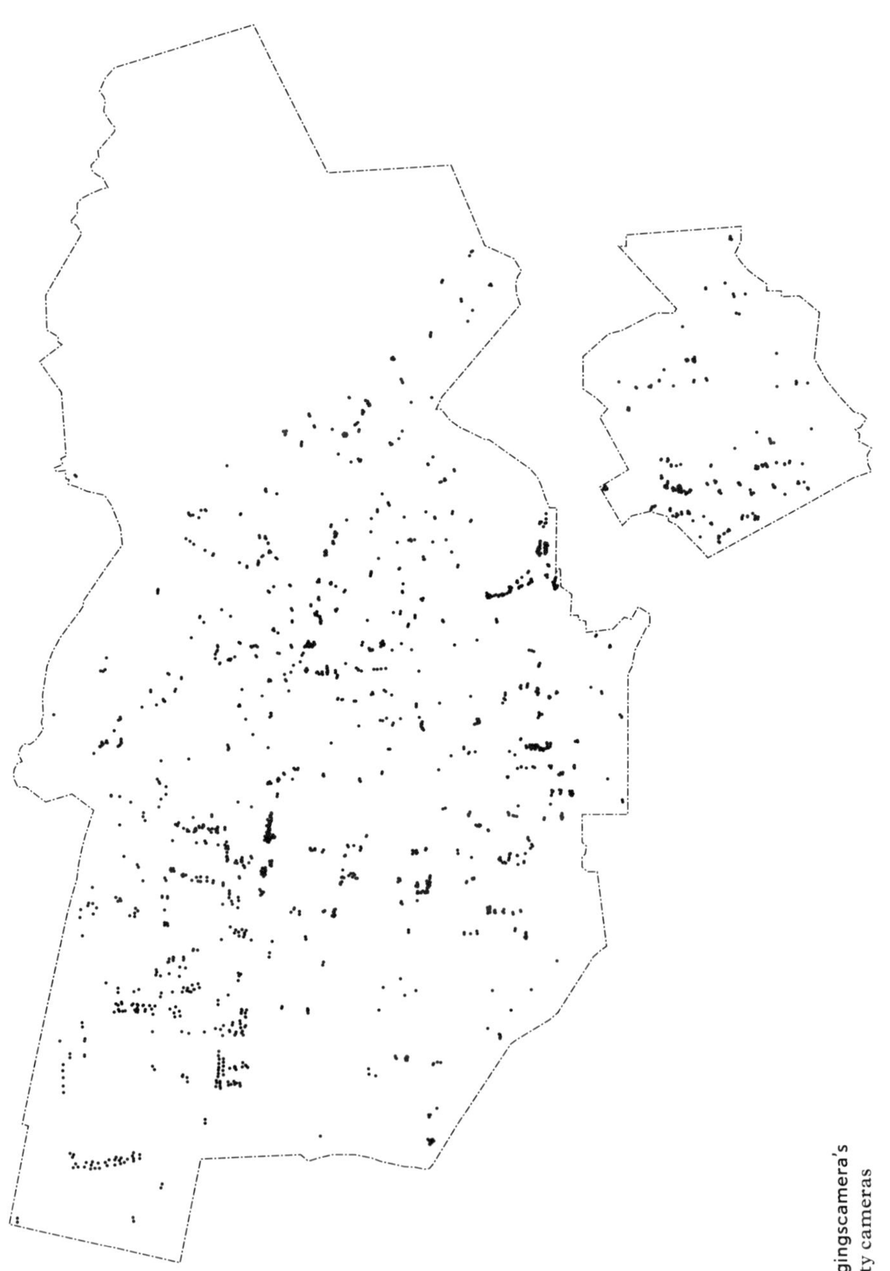

beveiligingscamera's
security cameras

2

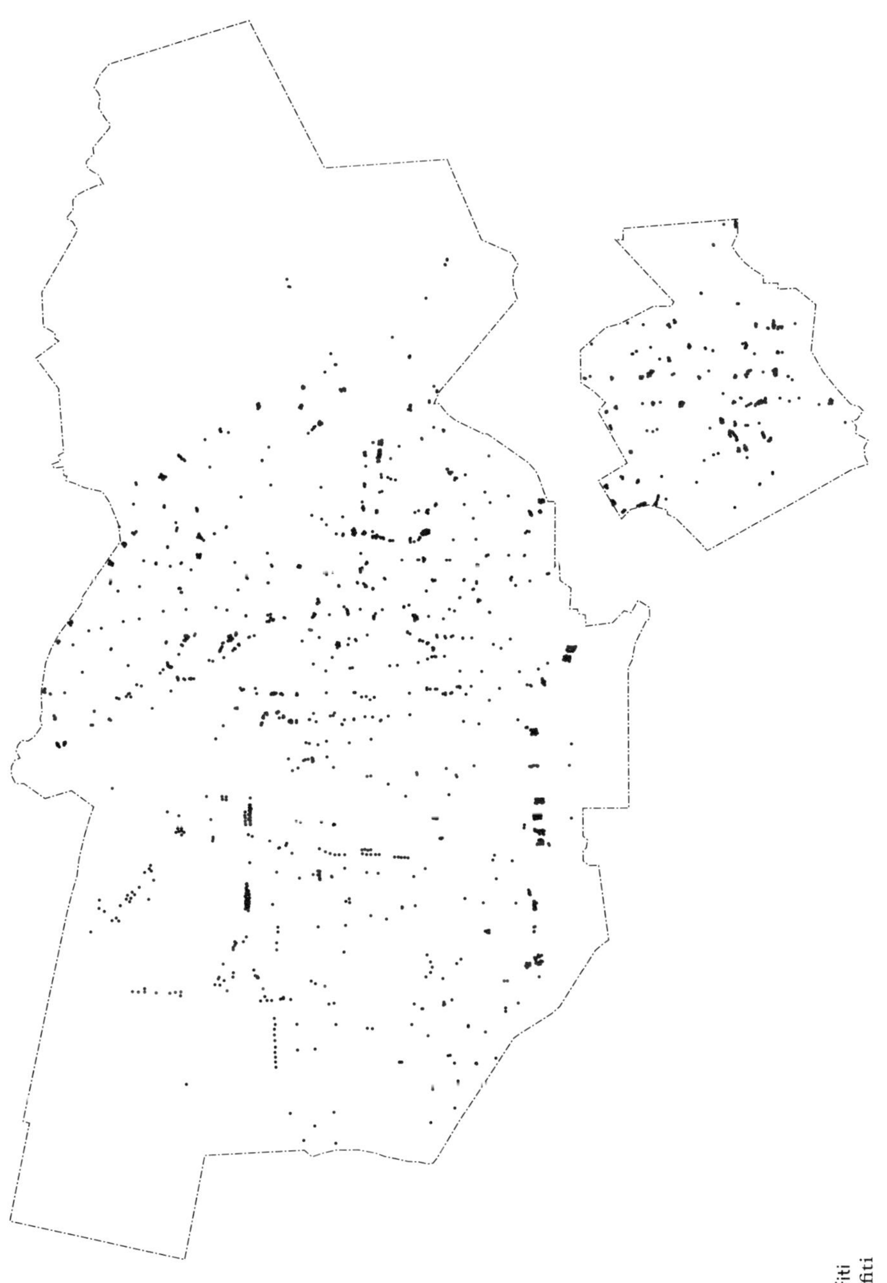

graffiti
graffiti

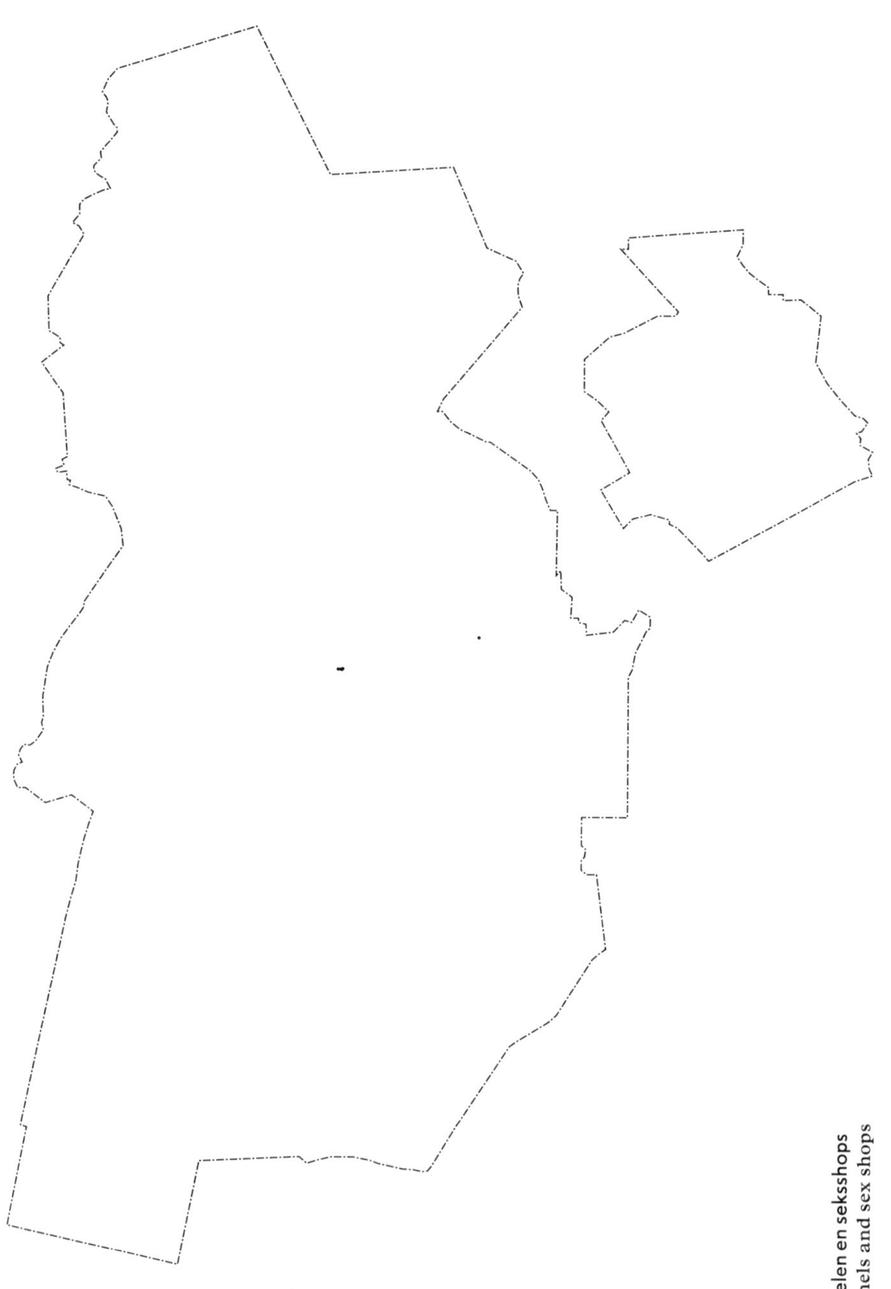

bordelen en seksshops
brothels and sex shops

2

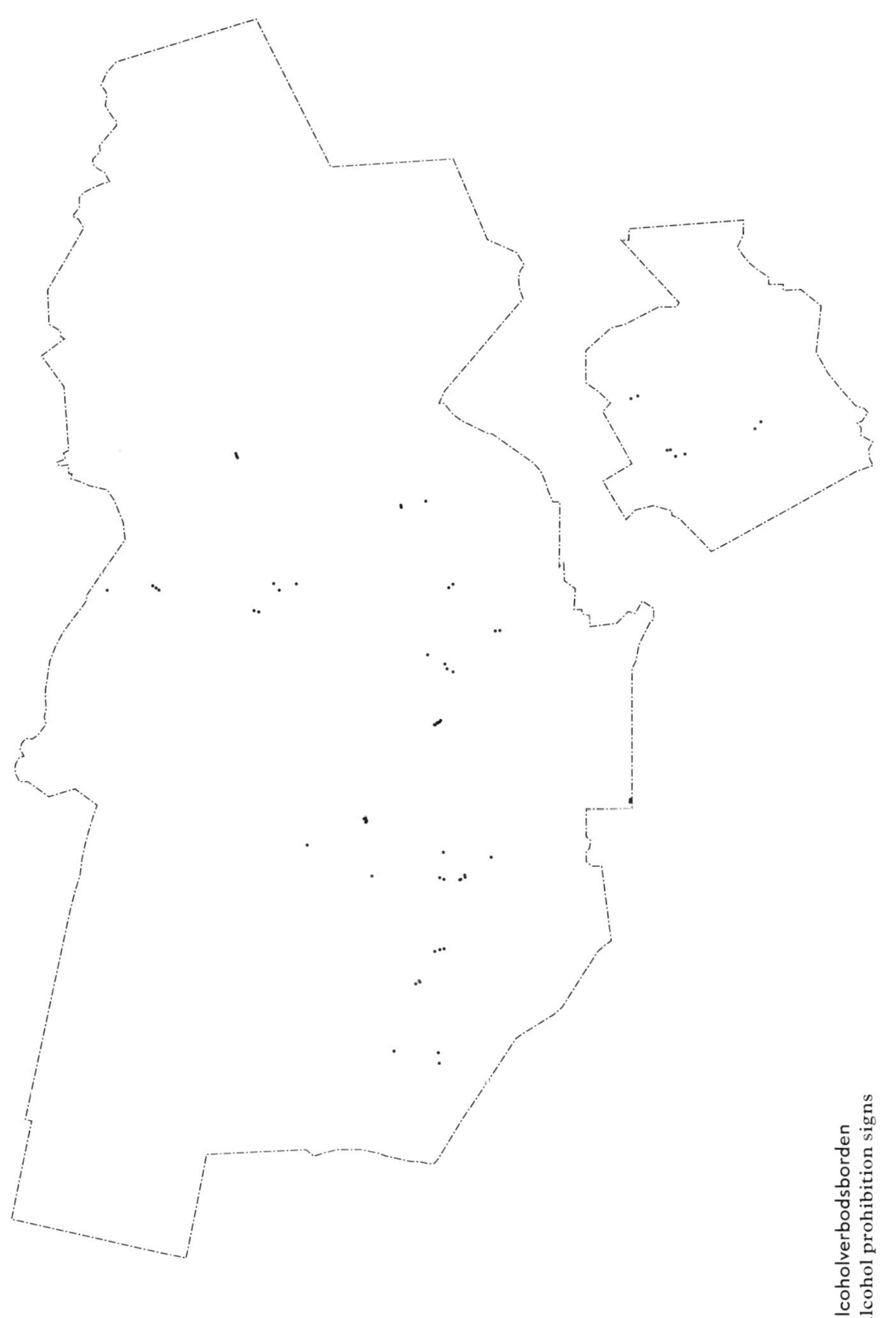

alcoholverbodsborden
alcohol prohibition signs

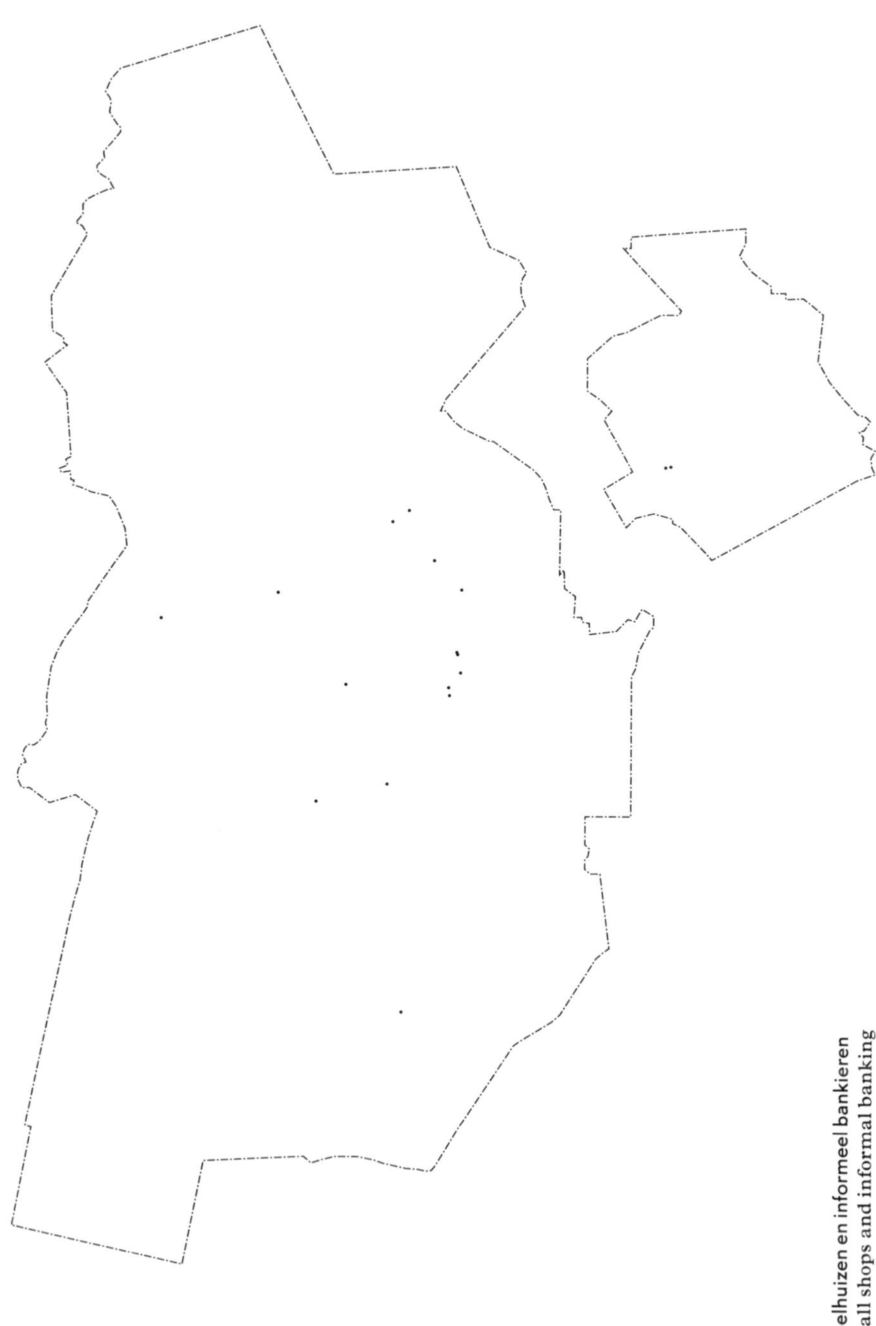

belhuizen en informeel bankieren
call shops and informal banking

2

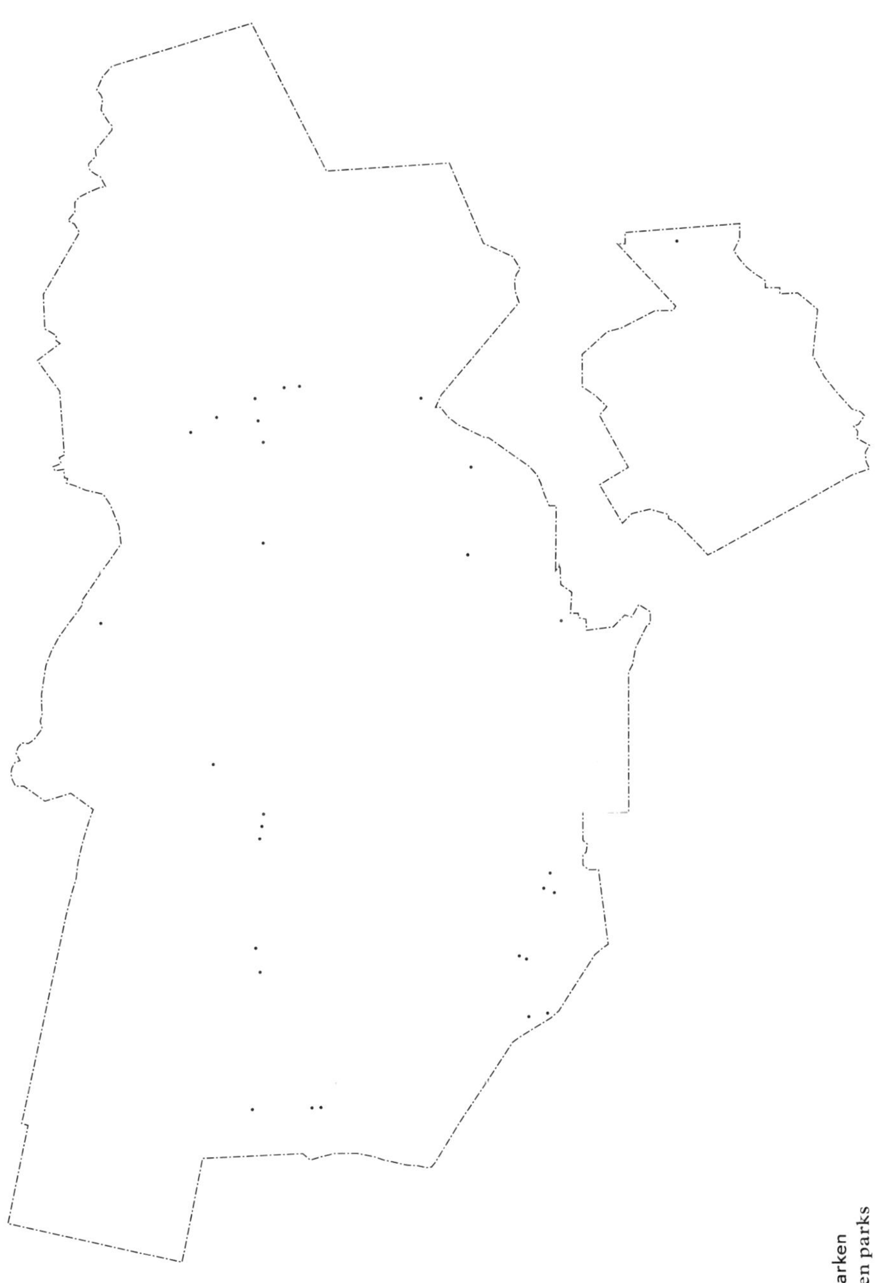

tuinparken
garden parks

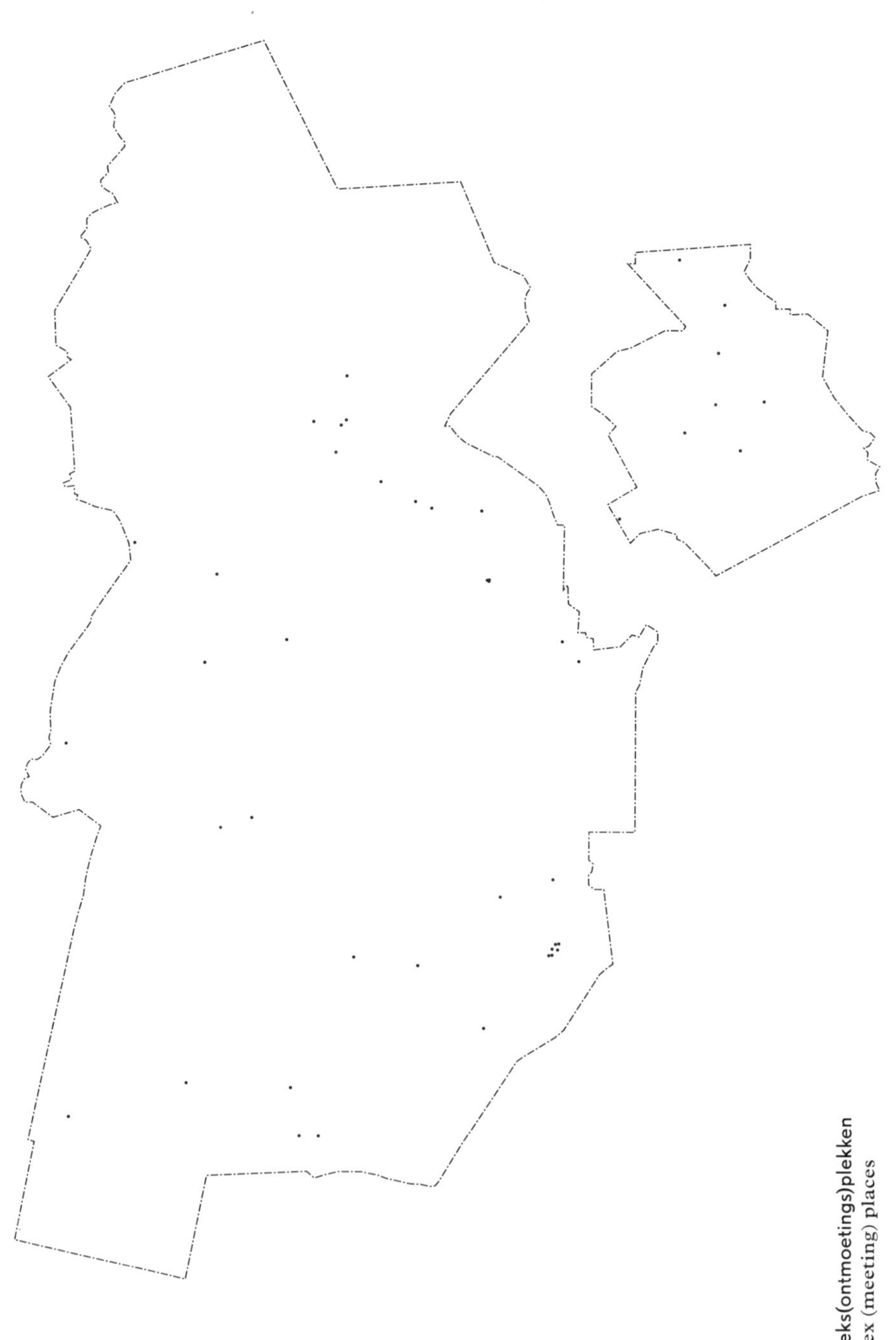
seks(ontmoetings)plekken
sex (meeting) places

2

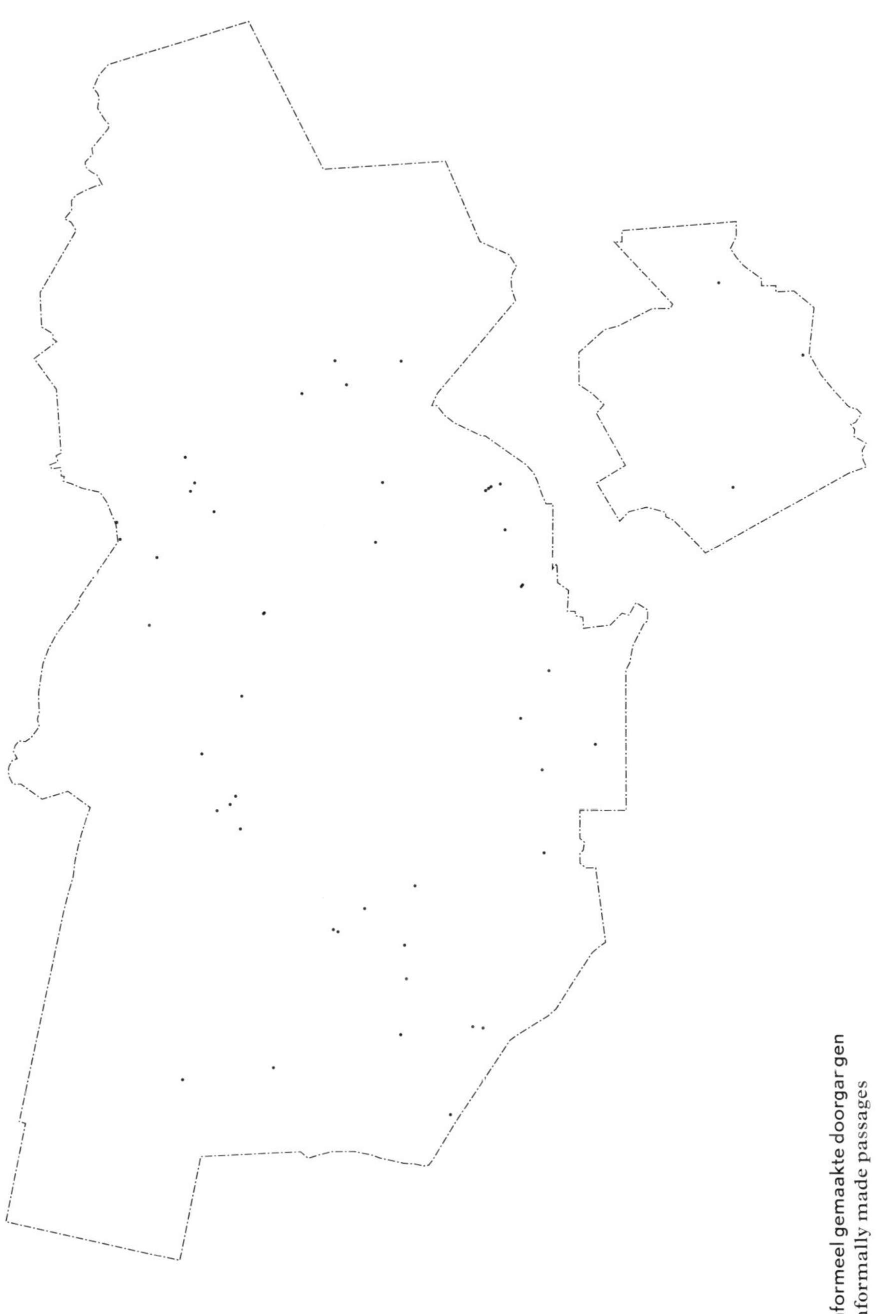

informeel gemaakte doorgar gen
informally made passages

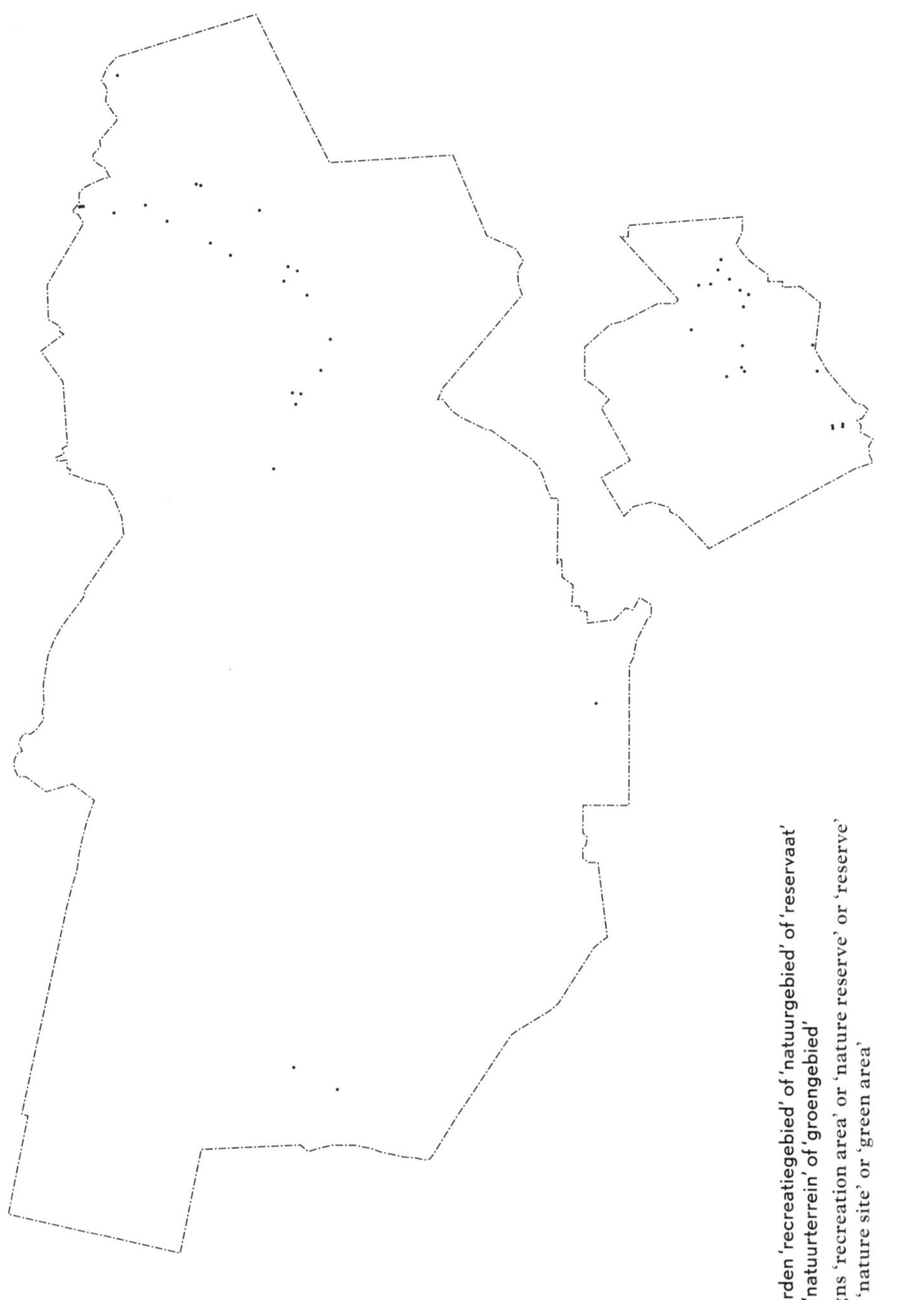

borden ‘recreatiegebied’ of ‘natuurgebied’ of ‘reservaat’ of ‘natuurterrein’ of ‘groengebied’

signs ‘recreation area’ or ‘nature reserve’ or ‘reserve’ or ‘nature site’ or ‘green area’

2

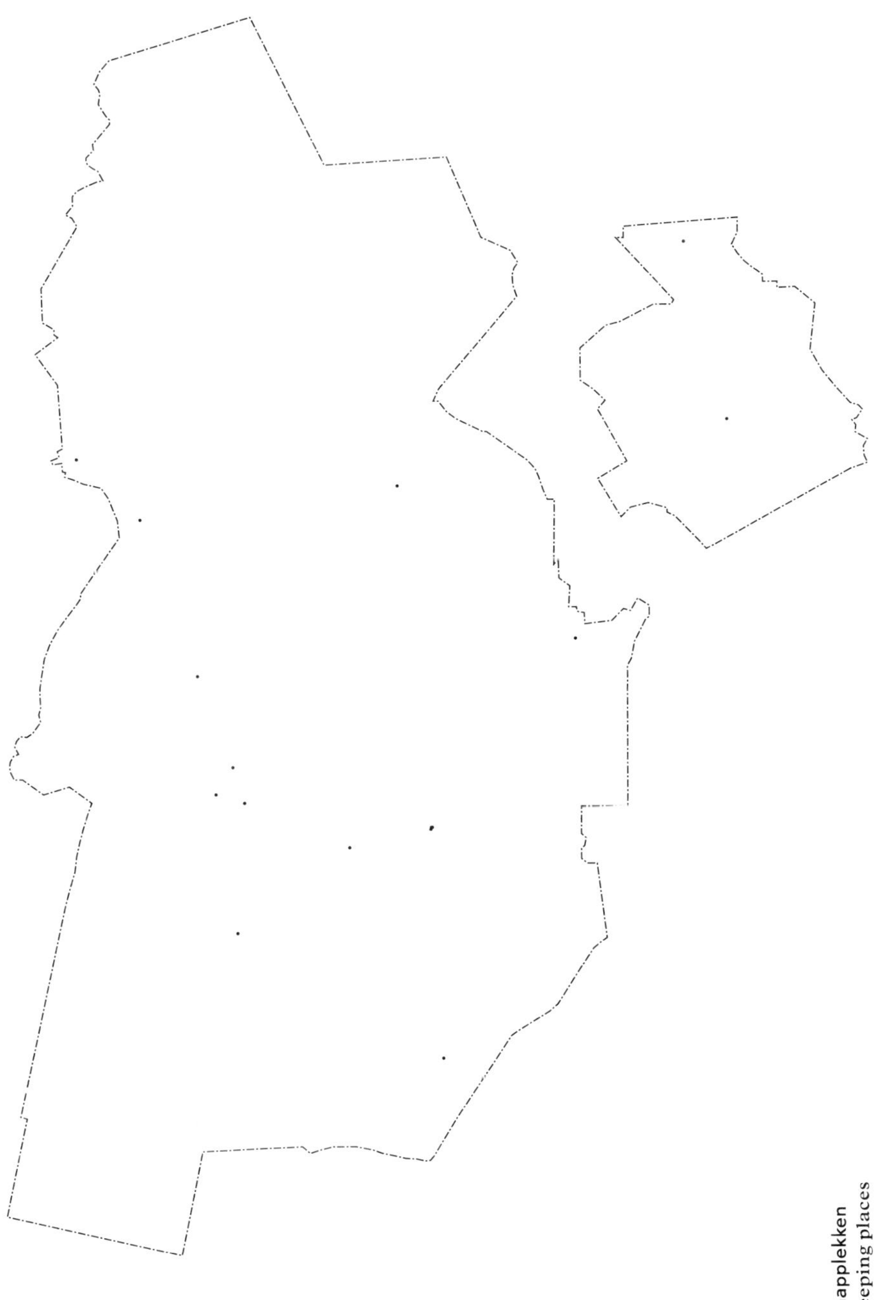

slaapplekken
sleeping places

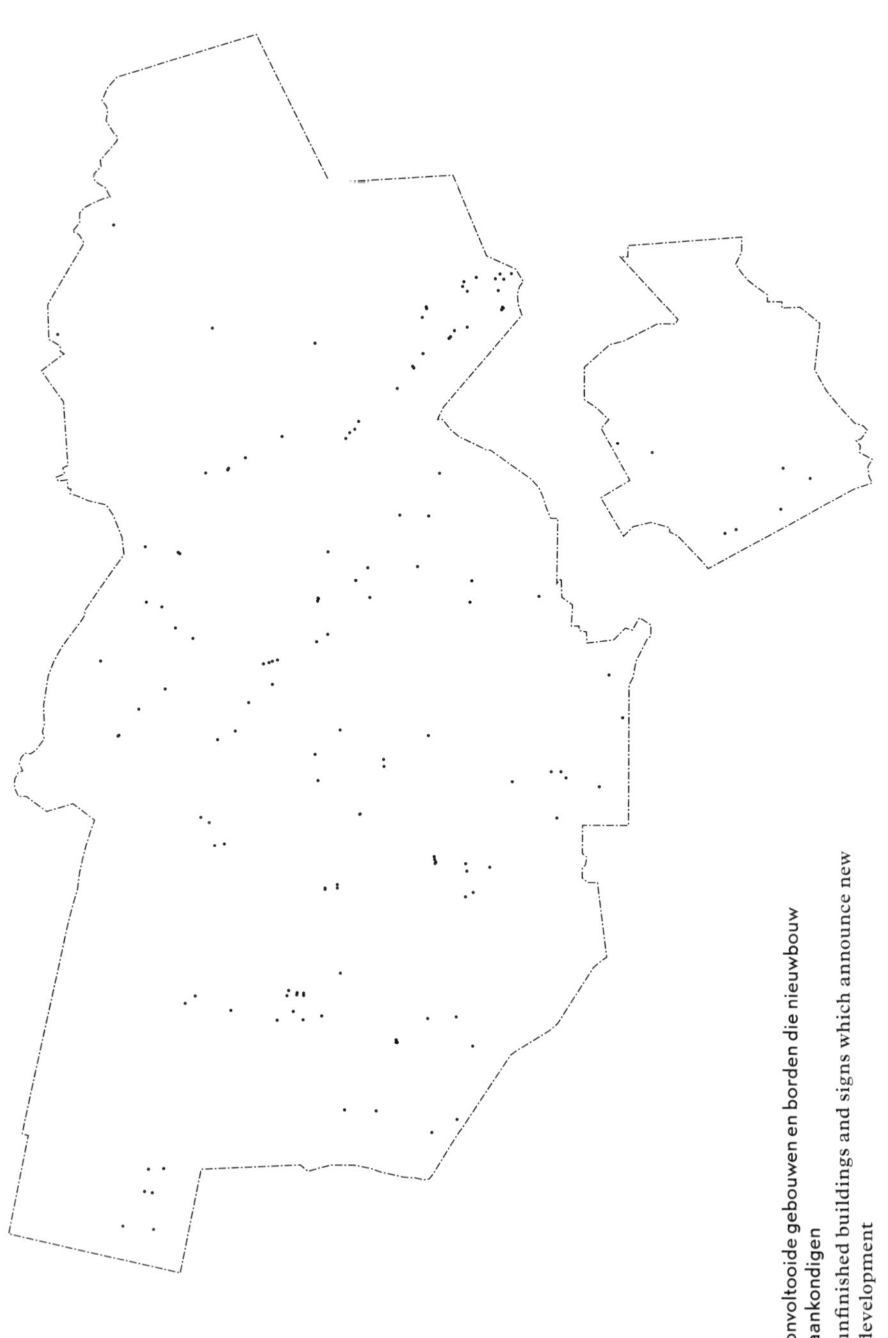

onvoltooide gebouwen en borden die nieuwbouw aankondigen

unfinished buildings and signs which announce new development

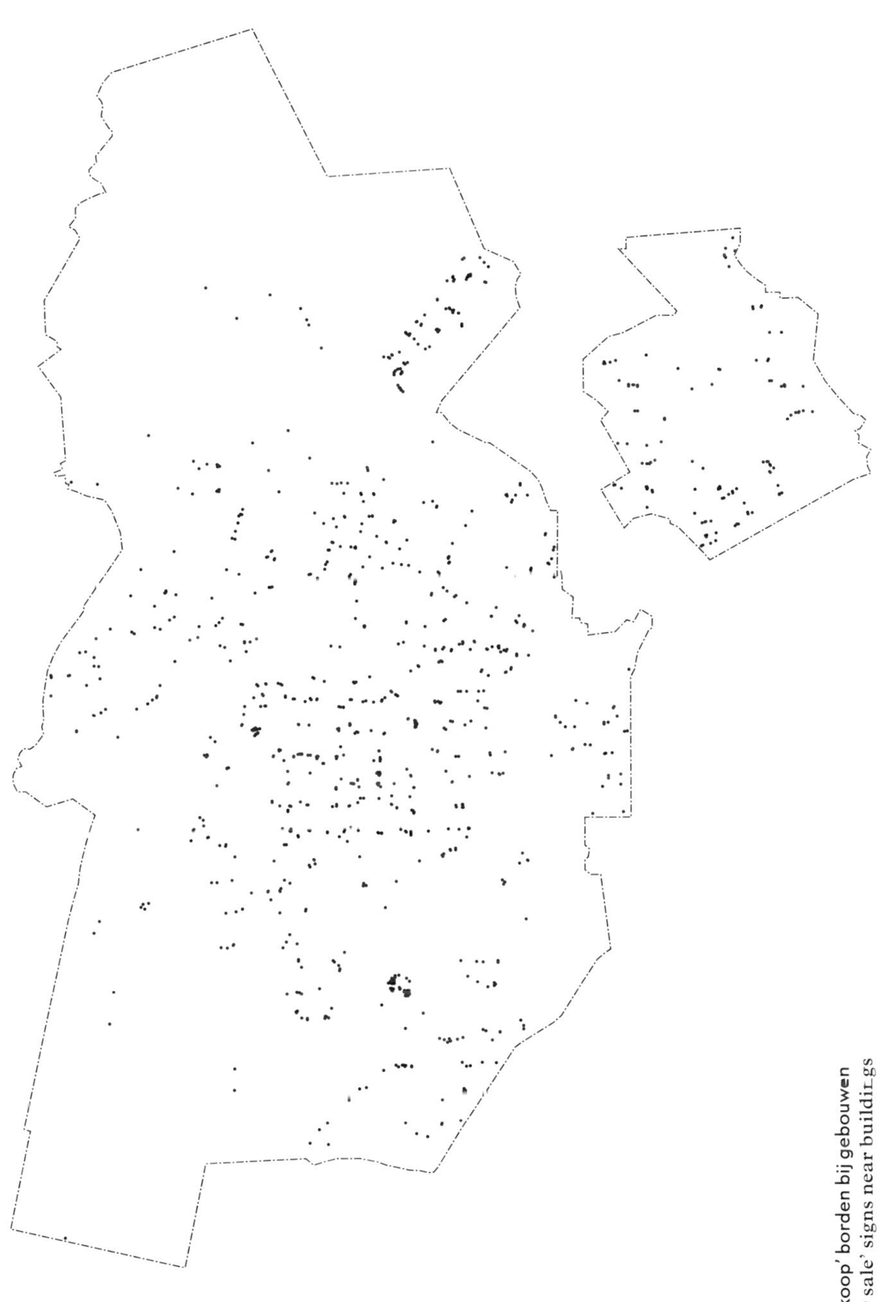

'te koop' borden bij gebouwen
'for sale' signs near buildings

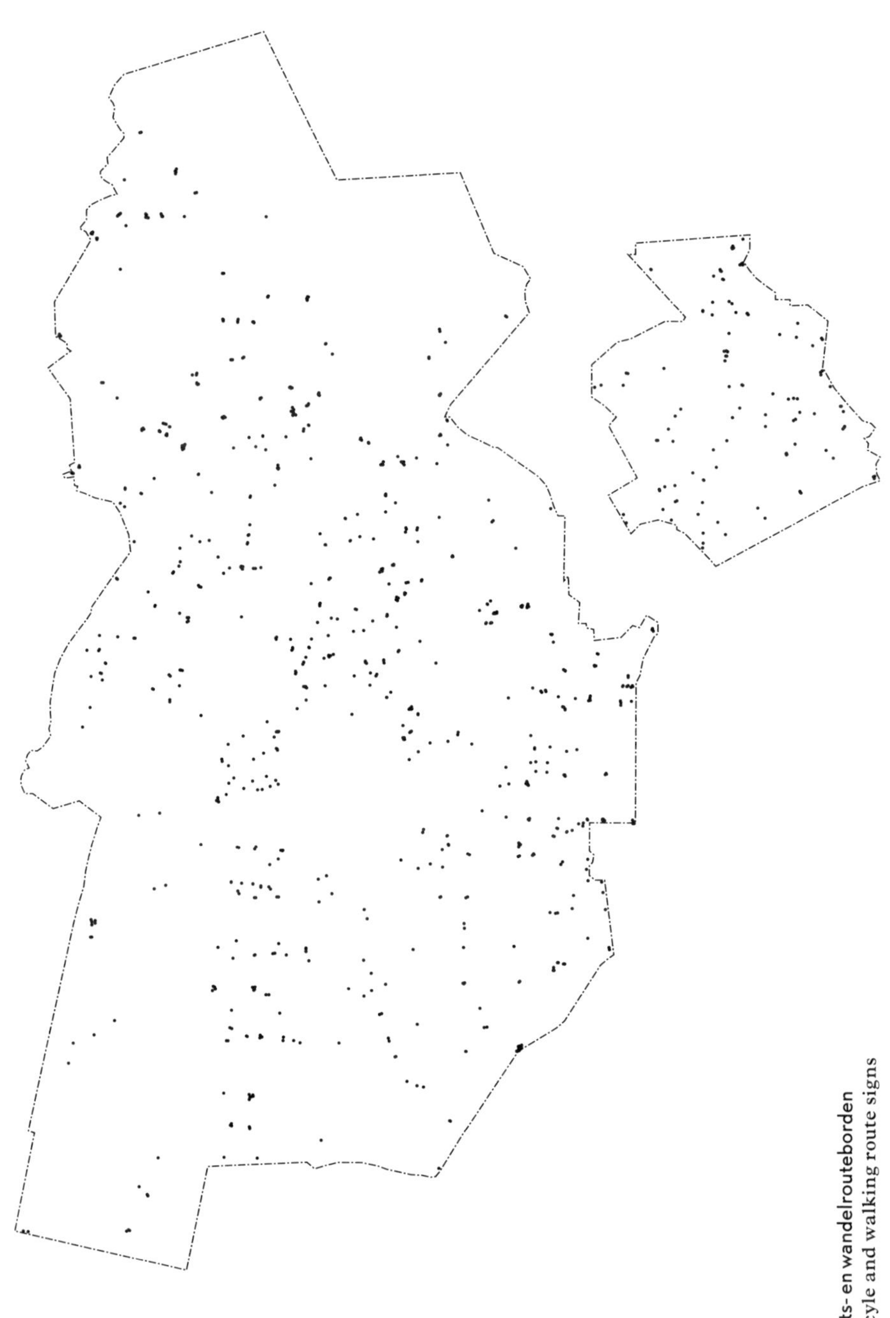

fiets- en wandelrouteborden
bicyle and walking route signs

3

het water stroomt van de stad naar de zee, tussen de randen van het kanaal dat van de stad naar de zee voert, tussen het uitkijkpunt en het punt vanaf waar je naar het uitkijkpunt kunt kijken, tussen de houten picknicktafel op het gras en de groenstrook met de elektriciteitsmasten, het water gaat in het bekken tussen de goederentreinsporen en de donkere chemische opslagtanks, en in het bekken tussen de loodsen en de fabrieken, tussen de kantoren van de overslagbedrijven en de kranen, het loopt tussen de controlepost en de luchtkokers, tussen het hek met het bord 'roken en open vuur verboden' en het terrein met de graafmachines en de boren en de draaiende motoren, het stroomt tussen de windturbines en de vlakte tussen de stad en de volgende stad, tussen de bemoste keien en de grasberm aan de oevers, het stroomt rond de tunnel die tussen de twee oevers is aangelegd, rond de tunnel die geboorte gaf aan de ringweg, de ringweg die efficiënte verbindingen creëert zeggen ze en de doorstroom van verkeer vergemakkelijkt, het water draagt de schepen met het zand dat nodig is om de aarde op te hogen en de schepen met het zand dat overblijft nadat de aarde is afgegraven, het water draagt de zwanen, het draagt de mensen die haast hebben om bij het strand te komen en de mensen die geen haast hebben om bij het strand te komen, het draagt het afval en de rommel, de zware vrachtschepen en de havenpatrouilleboten, het draagt alles, ongeacht, ongeacht het doel waarmee de mensen zich voortbewegen en ongeacht de aard van de dingen die verplaatst worden, het water draagt zolang de lichamen genoeg van het water verplaatsen, en het water laat zich wegduwen, het laat zich doen door de lichamen, het neemt de energie van de varende schepen en het brengt de energie naar iets dat buiten zichzelf ligt, naar waar het eindigt, grenst aan iets anders want het weet zelf geen blijf met de energie en het ontdoet zich ervan en het klotst tegen de keien die zijn neergelegd voor de grasberm aan de oever en hoe harder de schepen varen hoe harder het water klotst en het klotst nog eens en nog eens, net zolang tot het alles heeft doorgegeven wat het teveel had om in rust te zijn en het wordt weer stil maar nooit helemaal, het water wordt nooit helemaal stil, nooit helemaal stil, het gaat overal waar het gaan kan, terwijl het rust zoekt – het zoekt altijd rust – gaat het altijd overal waar het gaan kan, dat is de aard van het water, het beweegt door de havenkommen die de snelweg omgeven daar waar de snelweg de tunnel in gaat, rond 'roken en open vuur verboden' en het terrein dat afgesloten is met een geel bord tot medio volgend jaar, het terrein met de graafmachines en de boren en de draaiende motoren, waar fijn zand ligt opgehoopt dat niet uit de berm komt maar van elders is aangebracht en dat door de stank in de omgeving heen naar zee ruikt, door de havenkommen die het land omgeven waar de aarde vlak gemaakt wordt, voorbereid wordt op iets, het water beweegt rond het strookje land met de snelweg en de chemische opslagvaten en het vervallen gebouw op het industrieterrein en het parkeerterrein vol dikke donkere glimmende auto's en het bedrijf met 'Pas op voor de HOND! / Beware of the DOG!' en allerlei veiligheidsverplichtingen aan het hek, het strookje land met de verhoogde snelweg en buizen die uit de berm steken, en de goederentreinsporen en de autobaanafrit met daarnaast de brievenbus en het bordje 'uitkijkpunt 1250 m', het land waarop de mannen met rubberlaarzen en gele helmen door de modder lopen of tot aan hun middel in putten in de grond staan, het water beweegt rond het land met het asfalt en de blauwe borden en de gele borden, met 'omleiding' en 'situatie gewijzigd', met het bedrijf dat hoogwerkers en heftrucks verhuurt, met de zandhopen en kruisende goederentreinsporen, met de autobaanoprit en de bushalte ernaast, met de windturbines en rook uit de schoorsteen van een elektriciteitscentrale en een gloednieuw rozerode fietspad dat schittert van de regen en het bordje 'uitkijkpunt 1250 m' dat verplaatst wordt en naast het nieuwe fietspad komt te staan, het water in de havenkommen omgeeft het rozerode fietspad, dat als eerste nieuw is aangelegd tussen de opengebroken stukken weg, als eerste in het gebied waar rook uit de schoorsteen van de elektriciteitcentrale waait en autobaanafrit volgt op autobaanoprit, het gebied met de chemische industrie en de loodsen en het opgedoekte café en de leswagens die traag op en neer rijden door de straten, als eerste in het gebied waar niemand woont, niemand mag wonen want dat is te gevaarlijk zeggen ze maar waar soms oude verlopen mannen rijden op krakkemikkige fietsen, mannen die rust zoeken en omdat ze rust zoeken, altijd in beweging zijn, die niet het fietspad volgen naar het uitkijkpunt, niet de weg naar hun werk, die geen rubberlaarzen en gele helmen hebben en nergens van hun fiets stappen om te kijken of te praten, geen bedrijventerrein betreden met beveiligde kleding aan, de oude verlopen mannen op krakkemikkige fietsen die voorbij rijden, voorbij de situatie die gewijzigd wordt, naar daar waar ze onaanraakbaar worden, de plek waar alles doodloopt, het water omgeeft het bushokje naast de autobaanoprit, het transparante bushokje, het glazen wachthuis op de modder waarin niemand wacht en dat in zijn naakte staat te zien is voor wat het is: een omhulsel van iets, van een doel bedacht door mensen, van een doel bedacht en berekend en uitgevoerd en verpakt als iets anders, het glazen wachthuis waarvan het doel ontnomen is en dat nu verstild staat tussen de opengebroken stukken weg en waar geen bus uit geen enkele richting langs komt en waar geen mensen wachten, niet op de bus en niet op iets anders, het water omgeeft het naakte bushokje dat uitkijkt op de autobaanberm, op de ringweg om de stad, de ringweg die niet rond de stad gaat maar vooral rond het centrale oudere gedeelte van de stad en dus dwars door de stad, de ringweg die het oudere centrale gedeelte scheidt van het nieuwere gedeelte zodat men spreekt van binnen en buiten de ring, van binnen en buiten, de ringweg waar doorstroom altijd ingehaald wordt door opstopping en die dwars door de stad loopt, en het water loopt dwars door de stad en het gaat in vaarten, vijvers, plassen, kanalen, en het gaat in beken, rivieren, meren, grachten, sloten en het circuleert door de hele stad en het loopt door de sloten en de vaarten die de wegen kruisen en de straten en de spoorlijnen en de ringweg en het omgeeft de tuinen en de begraafplaatsen en de fabrieken en de woonwijken en de gevangenissen en de sportvelden en de ziekenhuizen en de eilanden, het water loopt tussen de straten tussen de huizen, naast de wegen, naast de ringweg, onder de wegen, onder de ringweg, het water loopt in parken en recreatiegebieden en het loopt de stad in en het loopt de stad uit en in duizend sloten verdeelt het water het land in kleine smalle reepjes kleine reepjes land tussen duizend kleine sloten waar het water gaat, het water kruist de ringweg om de stad die door de stad loopt, het gaat in de havenkommen en naast de spoorlijnen in het gebied met de loodsen en de brede straten waar weinig mensen te voet gaan, in het gebied met de verouderde kantoorgebouwen die te huur staan en de nieuwe kantoorgebouwen die te huur staan, tussen het sportveld en de achterkant van de loods met de graffiti, door de bosjes met de tissues en de condooms en waar mensen zonder al te veel woorden hun tent opzetten zonder huur en zonder buren en zonder winkels in de buurt en tussen hun spullen scharrelen met waterdichte pakken aan, het water verbreedt en vormt een plas tussen de bosjes en de straat met de loodsen waar de voorkant van een metrotrein zichtbaar wordt op de top van een muur van gegolfd beton en waar de trein naar beneden zou storten als hij doorreed maar waar de trein niet doorrijdt want dit is het eindpunt van de metro, waar de voorkant weer de achterkant wordt voor de volgende rit, het water verbreedt en het laat het geluid door, de ding dong die het openen van de deuren van de metrotrein vergezelt, tot voorbij het eindpunt in de bosjes, het water laat het geluid gaan tot voorbij het eindpunt, het water gaat langs de metrolijn en de straat waar '24/24 uur benzinepomp' staat en 'snel en voordelig onbemand tanken' en 'rookartikelen versnaperingen broodjes literatuur' en waar een gesloten kiosk achter een gesloten hek zichtbaar is en waar 24/24 uur beveiligingscamera's hangen en een automaat staat waar een man prutst met een pasje en om de pomp heenloopt en nog een pasje probeert en een paar codes intikt en nog een ander pasje probeert met een andere code en weer het eerste pasje probeert en nog eens om de pomp heenloopt om te kijken of hij iets gemist heeft en om zich heenkijkt terwijl hij weet dat hij op deze plek geen hulp zal krijgen maar toch in een reflex om zich heenkijkt en waar zijn pogingen om te tanken en zijn gepruts en zijn om zich heenkijken door 4 camera's geregistreerd worden en waar hij ongetankt het terrein van de 24/24 uur benzinepomp afrijdt met de vier camera's op zich gericht, het water gaat in de havenkommen en naast de spoorlijnen in

3

het gebied waar het zakendistrict is met het station, het water stroomt door het gebied waar geen huizen gebouwd worden omdat het te gevaarlijk is om daar te wonen zeggen ze maar waar dagelijks tienduizenden mensen werken zeggen ze en waar ze werken aan een 'nog betere bereikbaarheid' van de plek rond het station dat tien treinsporen heeft en een metrostation en twintig buslijnen en waar het naar mayonaise ruikt en waar het parkeerterrein 'dag en nacht' bewaakt wordt door 'videobewaking en recording' en waar de wc alleen toegankelijk is voor wie daar zijn auto parkeert en het water loopt onder het station dat tussen de hoge spiegelglaskantoorgebouwen staat en waar in de brasserie geen wc is en waar men voor de wc elders op het station 50 cent moet betalen, met gepast geld moet betalen want de automaat geeft geen geld terug, en waar de letters TE HUUR op het kantoorgebouw groter zijn dan die van de naam van het gebouw, het water gaat in de havenkommen en langs de spoorlijnen die het zakendistrict omgeven dat 'collectief' beveiligd wordt, waar je alleen staat tussen de hoge spiegelglaskantoorgebouwen met de telecom bedrijven tegenover het bord 'collectieve beveiliging' en waar men nergens kan plassen en waar de letters TE HUUR groot zijn en waar telkens een ander bord met een andere kleur verwijst naar een ander uitkijkpunt of is het hetzelfde uitkijkpunt en waar om vijf uur 's middags vanuit de hoge kantoorgebouwen de mensen allemaal in de richting stromen van het station en waar de snelweg een 'milieuzone' genoemd wordt en waar buiten het gebied met de beveiligde telecom bedrijven de gebouwen lager worden, de industrie concreter, de collectiviteit minder, de boekbinder het zonder camera doet, in de sloten rond de tuinen gaat het water, en in de vaart die de ringweg snijdt, het water loopt tussen de tuinen en de achterkant van de huizen van een ex-dorp dat naast de ringweg ligt, waar wel mensen mogen wonen maar waar nauwelijks mensen zijn, een paar huizen, een onberispelijk pittoreske kerk en een begraafplaats, ingekapseld tussen de snelweg en de spoorlijnen en de hoge kantoorgebouwen en het water loopt in de vaart en langs de achterkant van de enkele huizen de huizen die zijn blijven staan en de kerk en de begraafplaats, ingekapseld tussen 'monumentenlijst', 'cultureel erfgoed' en 'restauratie' en het water loopt langs het gebouw, de kleine kerk met de korte toren, het gebouw dat meer weegt op de aarde dan dat het een gebaar richting hemel maakt, en langs de 'eigen weg' tussen de gesloten kerk en de gesloten stichting voor het behoud van de gesloten kerk, en het water loopt langs de behouden begraafplaats en de stichting die de graven verkoopt aan de mensen in de stad en langs de onberispelijk pittoreske kleine kerk met de korte toren die betaald wordt door de mensen in de stad en die de mooiste trouwlocatie van de stad genoemd wordt en die verhuurd wordt per uur en waar men schoonmaakkosten in rekening brengt voor het gooien van rijst en waar alleen kunststof bloemblaadjes mogen worden gestrooid, en het water gaat in de sloot langs wat de mooiste trouwlocatie van de stad genoemd wordt in het ex-dorp waar nauwelijks iemand woont nauwelijks iemand geboren wordt en trouwt en sterft en begraven wordt, langs de locatie en in de vaart gaat het water, de vaart die de ringweg snijdt, het water snijdt de ringweg die de wijk in twee delen snijdt, loopt langs de rand van de buurt met het pleintje met de oude grove stoeptegels met de platgetrapte kauwgom, de buurt met het stoffige verlaten kantoorgebouw, het water loopt langs de rand waar geen camera's zijn, waar niets te verliezen valt en dus niets te verdedigen, de rand met de oude woonblokken waarvan de balkons uitgeven op de snelweg, de balkons met de waslijnen, de vuilnisbakken, de witte plastic stoelen, de spullen waarvan men dacht ze ooit misschien nog eens te gebruiken, het water loopt langs de rand die overgaat in wat op de borden een 'zone' wordt genoemd en waar in de zone het verboden is om alcohol te drinken en overal wimpels hangen met het woord 'thuis' en de naam van de buurt en waar in de zone waarin het verboden is om alcohol te drinken de winkels zijn, de bibliotheek, het hotel, de markt, de geldautomaten, het gemeentekantoor en het politiebureau en waar de stoeptegels nieuwer zijn en waar de kauwgom die op de stoeptegels plakt nog roze ziet in plaats van grijs en waar in de zone waarin het verboden is om alcohol te drinken de mensen een afvalcontainer kunnen 'adopteren' als ze zich ergeren aan het afval dat naast de containers ligt in plaats van erin en waar ze als 'adoptant' van de vuilniscontainer zorgen dat de container er verzorgd uitziet en defecten kunnen melden en een 'adoptantenpakket' ontvangen ('bezem, handschoenen, knijptang en stoffer en blik'), en waarbij ze een pas krijgen waarmee ze zich kunnen legitimeren en voorrang krijgen bij meldingen, en waar in de zone waarin het verboden is om alcohol te drinken het hotel staat dat een 'baken van gastvrijheid' is en 'luxekamers' heeft en 'make your stays more rewarding: join today and start earning rewards, join the elite (platinum, diamond, gold crown club)', waar het hotel staat waarvan de deuren naar de lobby wagenwijd openstaan en waar drie liften zijn en waar boven de drie liften drie klokken hangen die drie verschillende tijden aangeven en waarboven de namen van drie verschillende steden staan en waar een man de uiterst schone gladde vloer dweilt, de schone gladde vloer onder de klokken en de namen van de steden in de lobby, en waar in de zone waarin het verboden is om alcohol te drinken de camera's hangen op het marktplein, hangen op elke hoek naar twee kanten gericht en waar geen bankjes staan en waar het plein een lege kale vlakte is als er geen markt is en de winkels dicht zijn een lege kale vlakte zonder bankjes en zonder schaduw waar je alleen kunt doorlopen en waar je als er wel markt is alleen kunt kopen, alleen kunt doorlopen of alleen kunt kopen, waar de keuzes kopen of doorlopen zijn, keuzes die door de camera's op elke hoek naar twee kanten gericht worden geregistreerd, het water loopt langs de rand die overgaat in een zone waar op de brug over de snelweg een glazen gebedshuis staat met tapijten op de grond en waar je vanaf de brug dwars door de ruimte heen het verkeer op de snelweg kunt zien en waar boodschappen aan de ramen hangen: 'demonstratie voor tolerantie, tegen racisme', 'cursus somberheid en stress', 'weet wat uw rechten zijn: voorlichting over huren en wonen', en waar tegenover de glazen gebedsruimte op de brug over de snelweg een makelaarskantoor staat waar boodschappen aan de ramen hangen: '7 redenen om nú een huis te kopen', '111 nieuwbouw koopappartementen', 'zo direct zo betaalbaar zo groen', het water loopt langs de rand die overgaat in de zone waar het glazen gebedshuis werd ontruimd en de boodschappen aan de ramen werden weggehaald en waar het makelaarskantoor is blijven staan: '7 redenen om nú een huis te kopen', '111 nieuwbouw koopappartementen', 'zo direct zo betaalbaar zo groen', het water loopt langs de rand die overgaat in de zone die weer overgaat in een rand waarlangs het water loopt dat opnieuw de ringweg snijdt, langs de rand die zone wordt, waar huizen gesloopt en vervangen worden, waar van buiten naar binnen de rand transformeert tot zone, waar eerst bij de ringweg en de spoorweg de huizen gesloopt worden en vervangen, waar vervolgens naar het midden toe, de drukkere straten, en waar als laatste de straten binnenin, de straten die nergens zichtbaar zijn vanaf de snelweg of de spoorweg, de straten die alleen de mensen kennen die daar wonen, die daar woonden, langs het enorme leegstaande kantoorgebouw waarvan men wilde dat de kunstacademie er naartoe verhuisde, het enorme gebouw aan de rand die transformeert tot zone, waarvan de benedenverdieping is dichtgetimmerd en waar een hek rond staat, het gebouw met de vale muren en het bordje aan het hek dat zegt 'dit object wordt 24 uur per dag bewaakt door een intelligent camerasysteem', het water stroomt langs het gebouw waarvan men wilde dat de kunstacademie er naartoe verhuisde maar niet naar de bovenste verdieping want de bovenste verdieping was voor anderen gereserveerd met meer geld meer geld meer uitzicht, het gebouw aan de rand waar zware renovaties te gebeuren stonden en waarbij men sprak van een 'impuls' voor de wijk en een 'kans' voor de school, langs de rand die zone wordt waar een ander gebouw aan de snelweg niet meer aan de 'huidige wooneisen' voldeed en waar een verblindende glazen gevel voor de oorspronkelijke gevel is gezet en geen balkons meer uitsteken met waslijnen en vuilnisbakken en witte plastic stoelen, waar niets meer uitsteekt en een centraal antennesysteem is aangelegd zodat de schotelantennes niet meer hoefden terug te keren na de renovatie zodat de schotelantennes niet meer uitsteken, waar de garages op de benedenverdieping vervangen zijn door maisonnettes om tegemoet te komen aan de vraag naar grotere en duurdere woningen zeggen ze, de vraag naar grotere en duurdere woningen, waar door de glazen gevel de automobilist de stad kan 'beleven' vanaf de ringweg, waar de mensen niet meer hoefden terug te keren na de renovatie, het water stroomt langs de gladde gevel waar niets meer uitsteekt waar niemand meer iets uitsteekt, het water snijdt de snelweg en gaat langs de rand en de zone en de rand die zone wordt en de spoorweg en het ziekenhuis en het snijdt opnieuw de snelweg en het loopt het park in, de langgerekte strook groen langs de ringweg, en het water snijdt en het loopt het park in en het cirkelt in het park en vormt sloten en vijvers en cirkelt langs de sigarettenpeuken in het gras en de kleine scripts die in de bankjes gekrast zijn in het hout de kleine scripts die mensen niet konden laten moesten krassen in het hout namen en telefoonnummers en de kussende koppels op de bankjes en de volle vuilnisbakken en de lege weedzakjes en bierblikjes op de grond, cirkelt en vormt sloten en vijvers naast de woonblokken die langs de snelweg staan in het park en de brede korte tunnels die de snelweg onderdoorgaan vanaf de woonblokken en uitkomen in de buurt aan de andere kant, cirkelt en vormt naast het muurtje bij een van de blokken waar iemand op heeft geschreven 'be awake in wonderland', waar een man op een vrouw toeloopt en vraagt of zij dat mooi vindt die graffiti en vraagt waarom zij daarnaar kijkt en vraagt wat zij doet en waarom zij daarnaar kijkt, cirkelt en vormt naast de man die de conciërge is van de woonblokken en die zegt dat er verderop nog meer graffiti is en zegt dat hij haar dat kan laten zien en zegt dat het een fijne plek is en zegt dat er niet te veel problemen zijn en die haar een rondleiding geeft langs de graffitimuurtjes tussen de woonblokken, het water cirkelt en vormt naast de jonge mensen die op een muurtje zitten en naast de man die zegt dat hij ze zou kunnen wegjagen maar dat hij dat niet doet en zegt dat ze toch ergens moeten kunnen zitten, naast de jonge mensen die protesteren tegen de rondleiding en de man die zegt dat ze niet zo moeten zeiken en de vrouw die embedded aanwezig is bij een muurtje met wat graffiti erop, het water cirkelt door het park en naast de schoongeveegde muren, de overschilderde muren, de muren met de nog aanwezige vlekken van iets dat is uitgewist, naast de brede korte tunnels onder de snelweg die tijdens de schemering al felverlicht zijn en waar afbeeldingen hangen van wat er te zien is in de omgeving buiten de tunnel, beelden van parkgroen en gekuiste woonblokken en parksculpturen en staalglazen kantoorcomplexen, beelden die de gebiedende leidraad zijn voor de passant die onder de snelweg doorgaat, beelden die moeten voorkomen dat zij even naar iemand anders kijkt in het donker, of, erger nog, naar zichzelf, het water cirkelt en vormt sloten en vijvers, vijvers die 's nachts het licht van de lantaarns weerspiegelen, die het geluid van de snelweg doorlaten en het licht weerspiegelen, het felle licht, cirkelt en vormt sloten en vijvers in het park naast de vrouw, de vrouw die terug is gegaan, de vrouw aan wie gevraagd wordt of zij niet bang is daar in

3

dat park in het donker naast de snelweg, aan wie gevraagd wordt of zij niet bang is, aan wie steeds opnieuw gevraagd wordt of zij niet bang is, de vrouw die terug is gegaan, cirkelt en zoekt naar de graffiti, het muurtje, een ander muurtje verderop, of toch het eerste muurtje, maar die moet vaststellen dat het verdwenen is, dat het er echt niet meer staat, 'be awake in wonderland', langs het metrostation gaat het water, een roltrap van de straat naar het hoger gelegen perron waar wanden omheen staan met poortjes erin en waar camera's rond hangen, langs het metro- en treinspoor stroomt het water, langs de buurt die gespiegeld ligt aan het park aan de andere kant van de ringweg, de buurt waar mensen wonen temidden van instituten, instituten die gedrag voorschrijven, gedrag rond het lichaam, de opvoeding, het denken, het wonen, langs de buurt die gespiegeld ligt aan het park waar graffiti wordt weggeveegd en de tunnels onder de snelweg felverlicht zijn, de buurt waar mensen niet langs cafeetjes lopen en een bioscoop en een markt met bankjes in de schaduw maar langs instanties voor medische zorg en speciaal onderwijs en begeleiding bij het wonen en psychologische hulp, elke dag tussen die instituten lopen, een ondernemerscentrum, een economisch opleidingscentrum, een ICT academie, een college, een ondernemersacademie, een onderwijsgroep, een centrum voor interculturele psychiatrie en psycho-medische programma's, een dienstencentrum, een ziekenhuis, een zwaar beveiligde busremise, een ontmoetingscentrum voor ondernemers en organisaties en jongeren met een restaurant – een '(leer)bedrijf met een missie' – en een bewakingscamera boven het terras, een omheind sportveld van 100 meter lang dat bij een school hoort, nog een school (volledig ommuurd), een medisch-diagnostisch centrum, een wooncentrum voor ouderen, een hogeschool, een crèche, een scholencomplex, een college, een werk- en scholingscentrum, een gebedshuis aan een rotonde ('god loves you'), een volgend gebedshuis aan een volgende rotonde ('god is liefde'), een college, een woningbedrijf, een organisatie die een sociaal investeringsprogramma aanbiedt, een creatieve broedplaats, een kringloopwinkel, een jongerenvereniging, een stichting voor oecumenisch speciaal onderwijs, een vereniging 'vrouwen voor vrouwen', een diaconie, een open leercentrum, een openbare bibliotheek, een projectruimte van de gemeente, een orthopedagogisch zorgcentrum, een homeopathische vereniging, een regionaal instituut voor jeugdtandverzorging, een centrum voor ambulante begeleiding, een school, een spiritueel centrum, een onderwijs- en jeugdcentrum, een centrum voor speciaal onderwijs, een studentenhuis, een speciaal onderwijsinstituut voor kinderen met hoor-, spraak- en taalmoeilijkheden, een organisatie van samenwerkende wijkbewoners, een ouder-en-kind-centrum, een audiologisch centrum, nog een gebedshuis, nog een tandartspraktijk, nog een afdeling van het audiologisch centrum, nog een woon- en zorgcentrum, het water stroomt langs de buurt met de instituten die gespiegeld ligt aan het park met de schoongeveegde graffiti en waar een samenscholingsverbod werd ingesteld en waar een jongen gezien werd naast een brandende vuilnisbak en gearresteerd werd, de buurt waar andere jongens het plein opkwamen en met stenen gooiden, het plein met de instituten en het samenscholingsverbod waar een man bij de ingang van de supermarkt loopt te schelden op de wereld en op zijn beurt uitgescholden wordt door een bewaker, het plein met de instituten en het samenscholingsverbod en de supermarkt en het alcoholverbod en het politiebureau, waar een jongen het politiebureau binnenliep en twee agenten stak met een mes, de jongen die de energie nam van het plein en de instituten en de supermarkt en het alcoholverbod en het politiebureau en het samenscholingsverbod en de energie bracht naar iets dat buiten hemzelf lag, naar waar hij eindigde, grensde aan iets anders want hij wist zelf geen blijf met de energie en hij ontdeed zich ervan en gaf alles door wat hij teveel had om in rust te zijn, het plein waar de jongen op zijn beurt doodgeschoten werd door een van de agenten, waar andere jongens het plein opkwamen, met stenen gooiden, auto's in brand staken en de TV-ploeg niet vriendelijk te woord wilden staan, het plein met het samenscholingsverbod en het alcoholverbod en het politiebureau en de supermarkt en het gebedshuis waar een dienst werd gehouden voor de doodgeschoten jongen, het water stroomt langs het plein waar naast elkaar een politiebureau en een gebedshuis staan, waar het gebedshuis uitbreidt en waar de muren van het politiebureau omgeven zijn met veertien camera's, waar aan de muren van de supermarkt een plan hangt met 'een nieuwe toekomst' voor het plein, met op de plattegrond de omtrekken van verschillende 'zones': 'winkelen', 'ontmoeting', 'educatie' en 'welzijn', en in het midden een kleine overlap, in de rechte sloot langs de metro- en treinspoorlijn gaat het water, langs de rechte bomenrijen in de woonstraatjes, langs de tunnels onder de autobaan die uitgeven op rechte bomenrijen in woonstraatjes, langs het einde van de buurt waar jongens zitten te blowen op de rugleuningen van de bankjes, voeten op het zitgedeelte, bosjes in de rug, het water in het kanaal voor zich, het water kruist de snelweg opnieuw, voorbij de jongens die op de rugleuningen van de bankjes zitten, stroomt langs een bouwterrein van een halve vierkante kilometer en een paar bosjes waar een fietspad doorheen loopt en mensen zich haastig vooruit bewegen, waar de slaapplekken in de bosjes en de half voltooide woontorens op het bouwterrein er even roerloos bijliggen binnen de beweging van de circulerende fietsers, het water loopt in de vaart langs de snelweg die de snelweg scheidt van de buurt waar geen hoge woonblokken staan en geen alcoholverbodsborden en geen instituten die gedrag voorschrijven maar ruime huizen met voortuinen, het water loopt in de vaart die de snelweg en alles wat zich er direct rond bevindt, scheidt van de buurt met de ruime huizen waar een vrouw met een veger en blik oude herfstbladeren weghaalt rond een boom die tegenover een nieuw ingerichte kookstudio staat maar waar de bloemist is vertrokken en een aanzienlijk deel van de ruime woningen te koop staat, het water loopt in de vaart die deze buurt scheidt van de snelweg en alles wat zich er direct rond bevindt zoals de verlopen flats voor buitenlandse studenten en het centrum voor daklozen, verslaafden en mensen met psychische problemen dat vervangen wordt door een complex voor 'begeleid wonen' – twaalf verdiepingen, veel glas – en de mannen die op de bankjes tussen de hoge brandnetels hun bier uit blik drinken, in de rivier stroomt het water, het vertakt in de kleine haven van een klein industrieterrein dat in de binnenbocht van de ringweg ligt, de bocht in de ringweg waar het wonen ophoudt en het sportveld begint, waar de weg naar het vliegveld begint, de metro- en treinlijnen meebuigen, het water kruist het kluwen van wegen en bruggen en spoorlijnen en de fietspaden eronderdoor, het water gaat in de sloot rond het uitgestorven sportveld, in de sloot die omgeven wordt door de autobaan en de spoorlijn die elkaar kruisen en bochten maken, bochten richting vliegveld en bochten richting de rest van de stad, rond het sportveld gaat het water, rond de bosjes en de grasstrook rond het sportveld gaat het water, het uitgestorven sportveld, langs de snelweg gaat het water, langs de parkeerplaats en het groen met de condooms en de tissues en de posters aan de betonnen pilaren onder de spoorlijnen die feesten aankondigen, feesten die nog moeten plaatsvinden, en de snippers van oude posters in het gras en de modder en de statige kantoorgebouwen langs de snelweg naar het vliegveld, het water zoekt het laagste punt, in het meer is het water, het meer op de grens van de stad langs de weg naar het vliegveld, het meer waar tussen de bomen aan de oever de mannen elkaar heimelijk vinden, tussen de stad en het vliegveld, tussen huis en werk, tussen de weg en het meer waar ze hun auto parkeren en het gebied inlopen, alleen lopen, langs paadjes lopen, rondlopen, heen en weer lopen, of staan, en wachten, over de parkeerplaats lopen, tussen de auto's, of staan, zichtbaar langs de kant van de weg, waar de mannen jeansbroeken dragen en T-shirts en petten, of pantalons en overhemden en waar ze het jasje van hun pak in de auto hebben gelaten, het water is in het meer waar rond een open plek tussen de bomen de mannen staan, in een stille halve cirkel de mannen staan met hun rug naar de open ruimte en hun gezicht naar de boom waar ze dicht bij zijn gaan staan, de benen een beetje uit elkaar, waar zij niet zien wie er aankomt maar wachten, als in het donker, het water is in het meer op de grens van de stad die toelaat dat de mannen elkaar heimelijk vinden, zeggen ze, die daar trots op is, zeggen ze, die aan diezelfde oever een recreatiegebied aanlegt, die klachten binnenkrijgt over 'aanstootgevend gedrag', op de grens van de stad waar het gebied van de mannen tevens een reservaat is geworden voor Schotse hooglanders, de stad waar het gebied van de mannen begrenst wordt door veeroosters, het water zoekt het laagste punt, in het meer waar aan de oever een nieuw ingerichte koffie- en lunchbar staat met een houten vlonder als terras waar mensen vanaf hun stoel in de zon over het wateroppervlak turen en waar men veilig zijn fiets kan vastmaken aan een blauwgeverfde metalen aanleunbeugel en waar de koffie goed is zeggen ze en waar ze klagen dat de kinderen zoveel snoepen en waar een bord 'viewpoint' staat terwijl men vanaf elke plek langs de oever kan uitkijken over het meer en een zelfde stuk natuur kan zien, maar waar het paneel met het woord 'viewpoint' naast het terras met de houten vlonder en de veilige aanleunbeugel en de koffie staat, in het meer waar aan de oever in het gebied van de Schotse hooglanders en de mannen die elkaar heimelijk vinden de kinderen rondstruinen over het pad eroverheen drentelen en kleine groepjes vormen, het water is in de plassen waar de kinderen die potjes en schepnetten en rubberlaarzen bij zich hebben in turen en tussen het gras en de bladeren en waar de kinderen met de potjes de stem horen van de begeleider die zegt dat ze moeten wachten tot de begeleider er is en in het water poken en niet wachten tot de begeleider er is en naar elkaar kraaien dat ze iets hébben de kinderen die in het water gaan staan in de plassen en tussen het gras en de bladeren, het water is rond de rubberlaarzen van de kinderen waar de begeleider nadrukkelijk de voorbijgangers groet, de voorbijgangers merkt, het water is in de plassen aan de voeten van de begeleider die merkt want dat is zijn vak dat is wat hij de hele dag met de voorbijgangers en met de kinderen doet, merken, en waar wat hij niet merkt, niet ge-merkt heeft, voor hem niet meetelt, het water is in het meer, gaat onder de aanlegsteigers van de jachthaven en langs het veerooster en rond de grond van wat op een bord aan een hek een 'tuingroep' genoemd wordt en rond het hek met het bord waarop het woord 'tuingroep' vergezeld gaat van het woord 'ons', het water gaat tussen het veerooster en het woord 'ons' en rond de grond en tussen de verdeelde stukken grond in rechte sloten parallel aan rechte lanen met hoge heggen en struiken die elke tuin afschermen van de blik van de voorbijganger, de verdeelde grond de afgeschermde grond volgepropt met bloemen en sierplanten en meubilair en kunststof vijvers of smetteloze gazons tussen de hoge heggen en prefab huisjes zo groot dat men er in zou kunnen wonen maar waar men weinig kans maakt op wonen want men moet al ergens anders wonen om een tuin te kunnen huren, waar het elders wonen voorafgaat aan het gebruiken van een tuin, het water loopt tussen de verdeelde grond, de gelabelde grond, tussen de naambordjes die bij de lanen horen en de naambordjes die bij de bomen horen en de brievenbussen en de bordjes met de nummers die bij de huizen horen en soms ook de naambordjes die bij de huizen horen, de grond waar afval en composthopen niet zichtbaar mogen zijn vanaf de lanen en de huisjes niet mogen worden geschilderd in kleuren die het tuinpark 'ontsieren' en waar men geen planken mag leggen over de sloot die het tuinpark omsingelt, het water gaat in de sloot rond de grond waar geen groenten worden verbouwd zoals in de volkstuinen die open in het land liggen waar nog wat ruimte is langs de rivier of aan de kant van de weg of langs het treinspoor, volkstuinen waar het huisje misschien een klein schuurtje is en de tuin een stuk grond met rijen sla en tomaten en aardbeien die mensen oogsten en opeten, het water gaat in de sloot rond de grond met de siertuinen en het meubilair en de vijvers en de prefab huisjes waar nauwelijks iemand in zijn tuin werkt of zit en waar geen planken over de omsingelende sloot gelegd worden en waar meer auto's geparkeerd staan op de parking buiten het hek dan dat er mensen zichtbaar aanwezig zijn binnen het hek, in de rivier stroomt het water, en in de andere rivier, langs de begraafplaatsen stroomt het water, langs de begraafplaats aan de ene rivier en de begraafplaats aan de andere rivier, langs de begraafplaatsen waartussen het nieuwe zakencentrum ligt, het zakencentrum met zijn 'efficiënte verbinding', 'hoogwaardige economie' en 'internationale concurrentie' en 'uitstraling' en 'op de kaart zetten' en 'excellentie' en 'kennisontwikkeling', langs de begraafplaatsen waartussen het nieuwe zakencentrum ligt aan weerszijden van de ringweg, waar een nieuwe metrolijn wordt aangelegd om de plek te verbinden met het centraal station zeggen ze maar waar al tientallen jaren op de stations metro's stoppen die de plek verbinden met het centraal station, waar de kunstacademie staat waarvan men wilde dat ze zou verhuizen naar het enorme leegstaande kantoorgebouw in de buurt waar zware renovaties te gebeuren stonden maar niet naar de bovenste verdieping want de bovenste verdieping was voor anderen gereserveerd met meer geld meer geld meer uitzicht, het water stroomt in de rivieren langs de begraafplaatsen waartussen het nieuwe zakencentrum ligt en de kunstacademie is blijven staan, waar de universiteit wil verhuizen naar de plek waar de voetbalvelden zijn, dicht tegen de snelweg dicht tegen de gloednieuwe hoge kantoorgebouwen op de duurste grond van het land, waar de universiteit wil verhuizen van de ene kant van de straat naar een volledig nieuw op te bouwen complex aan de andere kant van de straat en zichzelf 'univercity' wil noemen op de nieuwe plek, waar de voetbalvelden moeten verhuizen naar de oude plaats van de universiteit, van de ene kant van de straat naar de andere kant van de straat waar een universiteitscomplex staat dat eerst volledig moet worden afgebroken en waar de voetbalvelden uit kunstgras zullen bestaan om dat dat gemakkelijker is zeggen ze, het water stroomt in de rivieren langs de begraafplaatsen waartussen de gebouwen van het 'World Trade Center' staan, gebouwen die kort geleden glazen voorgevels kregen voor een meer 'transparant karakter', waar in de plinten van de gebouwen aan het autovrije plein een 'Italiaanse' espressobar, een noodlebar, verschillende diners, een lounge, een stomerij en een 'expat centrum' zijn, waar het station aan het autovrije plein het eindpunt zal zijn van de nieuwe metrolijn terwijl de oude metrolijn verder gaat, waar in en rond het kleine station onder de verhoogde spoor- en snelweg vierentwintig camera's hangen en waar bij de ingang een matglazen paneel is neergezet tegen de snelwegberm die het zicht op het groen in de berm wegneemt en waar afbeeldingen op staan van boomtakken, bloesem, rozerode blaadjes en een vogelnest met eieren, waar achter het paneel distels, gras, klimop en brandnetels groeien en een verroest supermarktkarretje staat en een vage geur van pis hangt, het water stroomt in de rivieren langs de begraafplaatsen waartussen de duurste grond van het land ligt, waar mensen koffers met wielen achter zich aanrollen en lopen te bellen of een broodje eten met een telefoon aan hun oor of lunchen op een bankje terwijl ze praten in groep of praten met elkaar terwijl ze langs de bloesemtakken die voor de brandnetels zijn geschoven richting metro- en treinstation lopen, waar men wil dat de ringweg onder de grond komt te liggen omdat dit de 'milieuhinder' voor de omgeving zou beperken terwijl de ringweg op bijna alle andere plekken in de stad boven de grond gaat, op alle andere plekken waar men wil dat de automobilist de stad vanaf de snelweg kan 'beleven', in de rivier stroomt het water, langs de begraafplaats aan de oever, waar bij de ingang een bord met de 'wijkindeling' staat en een 'beeldkwaliteitplan' bepaalt dat elke wijk zijn eigen sfeer moet hebben, waar de lanen breed zijn, de bomen talrijk, de ruimte rond de graven royaal, waar stenen paaltjes langs de lanen markeren waar men mag lopen en waar wegwijzers zijn op de kruisingen van de lanen, het water loopt rond de grond, de verdeelde grond, de gelabelde grond, rond de naambordjes die bij de lanen horen en de naambordjes die bij de wijken horen en de nummers die bij de graven horen en de namen die bij de graven horen, de grond waar huurders of kopers van een graf moeten aansluiten bij de sfeer van een wijk en die ze dienen te 'respecteren in de aankleding en het onderhoud van het graf' en waar de eigenaren van de graven een 'bulletin met een activiteitenagenda' thuisgestuurd krijgen, in de rivier stroomt het water, en in de sloot rond de begraafplaats waar in het midden en bij de ingang de oude stenen staan, en direct daaromheen de nieuwere maar soortgelijke stenen, waar in een uithoek bij de ringweg een nieuw gedeelte is waar de grafstenen staan met de accoladebogen en waar nog verder verwijderd van de ingang ook langs de snelweg de grafstenen zijn die duidelijk van elkaar en van de andere verschillen, de afwijkende stenen, de 'mogelijk aanstootgevende' monumenten, de graven van diegenen die ook tijdens hun leven geen plek hadden in een 'sfeerwijk', het water gaat rond de grond waar alles dat zichtbaar is in bedwang gehouden wordt door zoveel mogelijk getemde natuur, het water gaat in de rivier waar de snelweg en de spoorweg en het fietspad langs de snelweg overheen lopen, het water stroomt tussen de begraafplaats en het volgende tuinpark met het hek en de lanen en de sloot rond de grond waar alles dat zichtbaar is in bedwang wordt gehouden door zoveel mogelijk getemde natuur en waar in het tuinpark de ruimte ontbreekt voor afwijkende vormen, tussen de begraafplaats en het tuinpark stroomt het water in de rivier, waar in de struiken tegen de snelweg aan een tent staat en een fiets en plastic tassen met spullen en achter de tent de babyluiers en de stront de mensenstront en de blauwgroene vliegen die laag boven de grond zoemen, in de rivier tussen het park waar met grote letters PARK boven het hek staat en het recreatiegebied met de wandelpaden en de fietspaden en de picknicktafels, in de rivier langs weer een gebied dat getransformeerd zal worden tot 'business park', waar men het bedrijventerrein 'intensiever' zal gaan gebruiken, de 'openbare ruimte verbeteren', de 'creatieve industrie aantrekken', waar een '4-sterrenplushotel' moet komen 'met 200 kamers en 85 extended stay units en 2 restaurants en een café en een spa/wellness centrum en een congresruimte en een 24-uurswinkel', in de rivier gaat het water, in de rivier en in de vaart waartussen de gevangenis ligt gaat het water, en rond de grond waarop de hoge gebouwen staan, de verdeelde grond, de gelabelde grond, de toegewezen grond, waar aan de muur langs de sloot een bordje 'verboden te vissen' hangt geen recreatiegebied en waar de spoorweg niet langer parallel loopt met de ringweg maar in de richting van het centrum gaat en in de richting van andere steden gaat en de treinen voorbij rijden, continu voorbij rijden de stad in en de stad uit langs de gevangenismuur en de hoge gebouwen binnen de muur en de hoge gebouwen buiten de muur, de kantoorgebouwen aan de rivier, waar een man een zak met kleren brengt die hij afgeeft bij de ingang van de gevangenis en zegt dat ze voor zijn buurjongen zijn, de kleren, en voor zijn neefje, en hun namen noemt, het water stroomt langs de spoorlijn die de stad uitgaat, en onder de verhoogde, kruisende spoorlijnen bij het station op de grens tussen het 'business park' en het gebied met de hoge woonblokken die tientallen jaren geleden werden neergezet buiten de ringweg, een eind buiten de ringweg om de stad, onder het station stroomt het water, het station dat een dood punt is voor wie er met de auto naartoe gaat, dat men kan bereiken vanuit het business park of vanuit het gebied met de hoge woonblokken maar waar men niet doorheen kan waar geen connectie is voor automobilisten, geen doorgang tussen het business park en de hoge woonblokken buiten de ring, het water stroomt onder het station waar aan één kant op het plein een taxistandplaats is, de business park kant, en waar wie een taxi neemt naar het gebied met de hoge woonflats een paar kilometer om moet rijden om daar te geraken, en waar op het plein met de officiële taxistandplaats weinig gebeurt weinig beweegt en waar aan de andere kant, de hoge woonblokkenkant, een kleine naamloze rotonde ligt waar mensen continu worden gehaald en gebracht, waar mensen zonder veel woorden een auto in- of uitstappen die aan komt rijden en meteen weer vertrekt, waar mensen zonder veel woorden een auto instappen die het obstakel van het dode punt omvormt tot een soepel rondje, het water stroomt onder het station dat het gebied begrenst waar tientallen jaren geleden de hoge woonblokken werden neergezet, waar mensen gingen wonen die nergens anders konden wonen of mochten wonen of wilden wonen en die ergens moesten wonen en die elkaar in alle mogelijke ruimtes hielpen aan eten, aan slaapplekken, aan juridisch advies, waar de woningcorporatie verlies leed omdat huren niet werden betaald, mensen vertrokken met schulden, vertrokken zonder bericht, waar de woningcorporatie verlies leed en dus het gebied 'gevaarlijk' werd verklaard, de voor iedereen toegankelijke plaatsen 'onveilig', de parkeergarages, corridors en tunneltjes 'te donker', waar de hoge woonblokken gesloopt werden en vervangen door huizen met tuinen, door huizen met tuinen die men moet kopen, maar beperkt mag huren, huizen met tuinen voor gezinnen met kinderen die men moet kopen zodat het woningbedrijf geen verlies meer lijdt maar die de mensen in het gebied niet kunnen kopen, maar beperkt kunnen kopen, en waar dus mensen uit andere buurten andere streken naartoe moeten worden gehaald om de huizen te kopen en de mensen in het gebied nog maar beperkt daar kunnen zijn en dus moeten verhuizen naar andere buurten andere streken en waar het komen van mensen die de huizen kopen en het gaan van mensen die de huizen niet meer kunnen huren 'wooncarrière' genoemd wordt, waar de woonblokken werden gesloopt en een wooninrichting winkelcentrum werd neergezet zodat het woningbedrijf geen verlies meer lijdt, waar de voor iedereen toegankelijke plaatsen, de parkeergarages, de corridors en de tunneltjes werden dichtgemetseld met gesubsidieerde projecten, met 'educatie', met 'dienstverlening', langs de ringweg gaat het water, langs de straten die steeds herhaald worden, de garageboxen, de zonneschermen, schuttingen, achtertuinen, de parasols, de klimop, de vuilniscontainers en de auto's voor de deur, de perkjes, tuinstoelen, dakramen, langs de ringweg langs de straten waar alleen de namen variëren en de graffiti op de achterkant van de garageboxen, langs de snelweg langs de sportvelden, langs de buurt waar de huizen van beige steen zijn en een blauwe deur hebben, of van grijze steen zijn en een rode deur hebben, langs de snelweg langs de sportvelden en in de sloten rond de sportvelden waar mensen hier en daar planken overheen gelegd hebben zodat ze de straat kunnen bereiken, korte smalle planken waar net een voet op past, langs de snelweg langs het nieuwe 'wetenschapspark' van de andere universiteit in de stad gaat het water, het wetenschapspark dat ingesloten ligt tussen het kanaal en de spoorlijn en de ringweg, en waar de studenten verplicht worden op de campus te wonen, in het kanaal gaat het

3

water, het brede verbindingskanaal tussen de stad en andere steden andere regio's, en in de rivier, en in het uitgestrekte meer tussen de stad en andere steden andere regio's, in het kanaal en de rivier en het meer gaat het water, meer water dan land meer water dan stad, één water dat door planners en bouwers en gravers en hakkers verdeeld werd in een kanaal en een rivier en een meer, verdeeld door de mensen in de stad, de stad tussen het water, het water gaat in het gebied dat meer water is dan land, waar de snelweg een reepje beton is boven het kanaal en de rivier, het water gaat rond de eilanden, de eilanden waar driekwart woonwijk verrees en waar vervolgens het geld op was om verder te bouwen, de eilanden met de verbindingsbruggen en de fietspaden altijd als eerste de fietspaden van winderige zanderige lap grond naar winderige zanderige lap grond, van rijen kale nieuwgebouwde blokken te koop naar rijen kale nieuwgebouwde blokken te koop met in het midden een brede straat met camera's, geldautomaten en dezelfde ketenwinkels als overal elders in de stad, in het kanaal gaat het water, met de bruggen en de sluizen en de ringweg de reep beton op de betonnen palen, langs het smalle stuk grond gaat het water, de opgehoogde aarde, langs de grond waar nog geen rijen kale nieuwgebouwde blokken te koop staan, waar nog wat mensen wonen zonder 'wooncarrière' en zonder geldautomaten in de buurt en zonder gelakt hekwerk rond de voortuinen, waar nog wat mensen werken in de kleine loodsen die er nog staan, in de rivier gaat het water, met de sluizen en de brug en de snelwegtunnel, rond de tunnel gaat het water en in duizend sloten op de andere oever, in duizend sloten verdeelt het water het land in kleine smalle reepjes kleine reepjes land tussen duizend kleine sloten waar het water gaat, het water gaat in duizend sloten tussen de weilanden buiten de ringweg en tussen de woonwijken binnen de ringweg, tussen de tuinen in het tuinpark buiten de ringweg en de tuinen in het tuinpark binnen de ringweg, het water kruist de ringweg die het tuinpark kruist of zijn het twee parken of drie of vier met de bruggetjes en de tuinkabouters en de hekken en de sloten rond de tuinen en de sloten op de hekken en het prikkeldraad, waar wandelaars welkom zijn volgens het bord bij de ingang maar waar geen doorgang is, waar alle uitgangen op slot zijn, de hekken en het prikkeldraad dat afloopt tot in het water van de sloten zodat er zeker niemand van het ene naar het andere deel van het park zou kunnen gaan of van het park naar de weg of van het park naar de weilanden, het water loopt rond het prikkeldraad, rond de extra beveiliging want men weet nooit of er iemand zijn weg zou moeten vervolgen dus de enige weg is de weg terug, de enige weg is de loop in het tuinpark, die degene die zijn weg moet vervolgen terug leidt naar het bord bij de ingang waarop staat dat wandelaars welkom zijn, de te vervolgen weg is via de ingang, het water gaat in de sloten en de riviertjes tussen de weilanden buiten de ringweg en tussen de woonwijken binnen de ringweg, de woonwijken waar de kranen staan één twee drie vier en waar het stoffig is omdat er huizen worden afgebroken en huizen worden gebouwd, rond de woonwijken binnen de kromming van de snelweg en de sportvelden buiten de kromming van de snelweg, rond de woonwijken binnen de ringweg en de golfbaan buiten de ringweg, het water kruist de snelweg in sloten en rivieren, de rechte sloten en rivieren die de krommende snelweg kruisen en de weilanden inlopen, weg van de stad in rechte lijnen naar de dorpen in het land, de kerktorens van de dorpen zichtbaar aan het einde van de rechte lijnen, het water gaat in de sloten en rivieren tussen het land en de fietspaden en de elektriciteitsmasten en de borden 'natuurgebied' en de borden met het aantal kilometers naar de dorpen en het water gaat onder de rechte lijnen van de elektriciteitsdraden, het water gaat langs de snelweg tussen de stoffige woonwijken en de weilanden en de kerktorens in de dorpen en de fietspaden en de elektriciteitsmasten en de golfbaan, rond de woonwijken en de parkjes en het winkelcentrum gaat het water, hier de woonwijk daar de parkjes daar het winkelcentrum, gescheiden door kanalen en door straten en wegen hier lopen daar rijden de straten en wegen zonder stoep uitsluitend bussen uitsluitend fietsers verboden voor autoverkeer verboden voor voetgangers omlopen gescheiden door de hoger gelegen doorgaande weg verboden voor voetgangers tunneltjes eronderdoor bruggen over het water toegangswegen naar het winkelcentrum verboden voor voetgangers de parkeerplaatsen naar het parkje vanaf het winkelcentrum alleen eronderdoor via een andere straat hier fietsen daar lopen de tunnels onder de snelweg naar de weilanden met de elektriciteitsmasten sommige voor autoverkeer andere alleen te voet of met de fiets en terug naar de woonwijken en de weg die alleen voor de bus is bestemd niet lopen niet fietsen, het water gaat rond de begraafplaats waarlangs weer een strip land is vrijgemaakt voor meer huizen nieuwe huizen huizen te koop het gloednieuwe rozerode fietspad dat als eerste is aangelegd tussen de zandhopen het gloednieuwe rozerode fietspad dat schittert van de regen tussen de nieuwe huizen, het water gaat langs de snelweg en rond de woonwijk en rond de sportvelden en binnen de kromming van de autobaanoprit en langs het tankstation en het fastfood restaurant, langs de weg met de piepschuimen bekers en dozen in het gras en de rietjes en de papieren servetten het gras bezaaid met witte verpakkingen, langs de sportvelden en de tuinen, rond de woonwijk en in de rivier die de snelweg kruist, in de rechte rivier die de krommende snelweg kruist en de stad uitloopt, de velden in, de richting uit van nog meer water meer water dan land, rond de woonwijk binnen de ring gaat het water, en in de woonwijk, evenveel water als land, rond het sportveld dat in de binnenbocht van de ringweg ligt gaat het water, de bocht in de ringweg waar het wonen ophoudt en het sportveld begint, waar de weg naar de volgende stad begint, onder het snelweg-

3

knooppunt gaat het water, en tussen de krommingen van het snelwegknooppunt, langs de bochten, de vertakkingen, langs de elektriciteitsmasten, de graafmachines en de boren en de draaiende motoren, rond de tunnel gaat het water, het water stroomt rond de tweede tunnel die tussen de oevers wordt aangelegd, de tunnel die geboorte zal geven aan een tweede snelweg naast de ringweg, de ringweg die efficiënte verbindingen creëert zeggen ze en de doorstroom van verkeer vergemakkelijkt, de ringweg om de stad, die niet rond de stad gaat maar dwars door de stad, de ringweg die het oudere centrale gedeelte scheidt van het nieuwere gedeelte zodat men spreekt van binnen en buiten de ring, van binnen en buiten, het water stroomt tussen de grasberm en de bemoste keien aan de oevers, tussen de vlakte tussen de stad en de volgende stad en de windturbines, tussen de jongens die hun motorfietsen de vrije loop laten in het zand en de donkere chemische opslagtanks, tussen de jongens die staan te vissen aan de voet van de elektriciteitsmast en de loods met het hek en het bord 'roken en open vuur verboden', tussen de luchtkokers en de controlepost, tussen de kranen en de kantoren, tussen de groenstrook met de elektriciteitsmasten en de houten picknicktafel op het gras, tussen het punt vanaf waar je naar het uitkijkpunt kunt kijken en het uitkijkpunt, tussen de randen van het kanaal dat van de stad naar de zee voert, het water stroomt van de stad naar de zee

the water flows from the city to the sea, between the edges of the canal that leads from the city to the sea, between the viewpoint and the point from which you can look at the viewpoint, between the wooden picnic table on the grass and the green zone with the electricity pylons, the water goes in the basin between the tracks for the goods trains and the dark chemical storage tanks, and in the basin between the warehouses and the factories, between the offices of the transhipment companies and the cranes, it runs between the check point and the air shafts, between the fence with the sign 'no smoking and no open flames' and the site with the excavators and the drills and the running engines, it flows between the wind turbines and the plain between the city and the next city, between the mossy rocks and the grass verge on the banks, it flows round the tunnel that was built between the two banks, round the tunnel that gave birth to the ring road, the ring road which creates efficient connections they say and facilitates the flow of traffic, the water carries the barges carrying the sand that is needed for raising the earth and the barges carrying the sand that remains after the earth has been excavated, the water carries the swans, it carries the people who are impatient to get to the beach and the people who are not impatient to get to the beach, it carries the litter and the junk, the heavy cargo ships and the harbour patrol boats, it carries everything, regardless, regardless of the purpose with which the people move about and regardless of the nature of the things being carried, the water carries as long as the bodies displace enough of the water, and the water lets itself be pushed away, it lets itself be directed by the bodies, it takes the energy of the moving vessels and it takes the energy to something that lies outside itself, to where it ends, borders on something else because it doesn't know what to do with the energy and it rids itself of it and it splashes onto the rocks that were placed against the grass verge on the bank and the faster the vessels move the more the water splashes and it splashes again and again, exactly until it has passed on everything it had in excess to be in a state of rest and all becomes quiet again but never completely, the water never becomes completely quiet, never completely quiet, it goes wherever it can go, while it seeks a state of rest – it always seeks a state of rest – it always goes wherever it can go, that is the nature of the water, it moves through the basins which surround the motorway there where the motorway goes into the tunnel, round 'no smoking and no open flames' and the site that is closed off with a yellow sign until mid next year, the site with the excavators and the drills and the running engines, where fine sand is heaped up, sand that does not come from the verge but was brought from elsewhere and which through the stench of the environment smells like the sea, through the basins which surround the land there where the earth is being made level, prepared for something, the water moves round the small strip of land with the motorway and the chemical storage tanks and the dilapidated building on the factory site and the car park full of dark fat shiny cars and the company with 'Beware of the DOG!' and all sorts of safety requirements posted on the fence, the small strip of land with the motorway overhead and pipes sticking out of the grass verge, and the tracks for the goods trains and the slip road with the mailbox next to it and the sign 'viewpoint 1250 m', the land on which the men in rubber boots and yellow helmets are walking through the mud or are standing up to their waist in pits in the ground, the water moves round the land with the asphalt and the blue signs and the yellow signs, with 'diversion' and 'changed traffic conditions', with the company that hires hydraulic arms and fork-lift trucks, with the sand heaps and the intersecting railway tracks for goods trains, with the slip road and the bus stop next to it, with the wind turbines and the smoke coming from the chimney of the power station and a brand new pink bicycle lane that glitters from the rain and the sign 'viewpoint 1250 m' that is moved and is placed next to the bicycle lane, the water in the basins surrounds the pink bicycle lane that was laid first between the pieces of road that was broken open, laid first in the area where smoke is coming from the chimney of the power station and slip road is followed by slip road, in the area with the chemical industry and the warehouses and the café that was shut down and the learner cars that move slowly up and down the streets, laid first in the area where no one lives, where no one is allowed to live becausc that is too dangerous they say but where sometimes shabby old men ride rickety bicycles, men who seek a state of rest and while seeking a state of rest are always in motion, men who don't follow the bicycle lane to the viewpoint, the road to work, who don't wear rubber boots and yellow helmets and who never dismount their bikes to look at something or to have a chat, who don't enter a factory site wearing protective clothing, the shabby old men on rickety bikes riding past, past the conditions that are changed, to the place where they become untouchable, the place where everything comes to a dead end, the water surrounds the bus shelter next to the slip road, the transparent bus shelter, the glass shelter on the mud in which no one waits and that in its naked state can be seen for what it is: a shell of something, of a purpose conceived by people, of a purpose conceived and calculated and constructed and disguised as something else, the glass shelter that was deprived of its purpose and now stands stilled between the pieces of the road that was broken open and where no bus passes by from any direction and where no people wait, neither for the bus nor for anything else, the water surrounds the naked bus shelter that looks out on the side of the motorway embankment, on the ring road round the city, the ring road that doesn't run round the city but round the older central districts of the city and therefore straight across the city, the ring road that separates the older central districts from the newer parts so that one speaks of inside and outside the ring road, of inside and outside, the ring road where flow is always overtaken by congestion and which runs straight through the city, and the water runs straight through the city and it goes in waterways, ponds, lakes, channels, and it goes in streams, rivers, canals, ditches, and it circulates through the whole city and it runs in the ditches and the waterways which intersect the roads and the streets and the railway lines and the ring road and it surrounds the gardens and the cemeteries and the factories and the neighbourhoods and the prisons and the sports fields and the hospitals and the islands and the water runs between the streets between the houses, alongside the roads, alongside the ring road, beneath the roads, beneath the ring road, the water runs in parks and recreation areas and it runs into the city and out of the city and in a thousand streams the water divides the land into small thin strips thin strips of land between a thousand little streams in which the water runs, the water intersects the ring road round the city which runs through the city, it goes in the harbour basins and alongside the railway lines in the area with the warehouses and the wide streets where few people go on foot, in the area with the outdated office buildings to let and the new office buildings to let, between the sports field and the back wall of the warehouse with the graffiti, through the woods with the tissues and the condoms and where people put up their tents without using many words and without paying rent and without neighbours and without any shops nearby and who rummage about among their things wearing waterproof suits, the water widens and forms a pool between the woods and the street with the warehouses where the front of a metro train can be seen on top of a wall of corrugated concrete and where the train would crash if it continued but where the train doesn't continue because this is the terminus, where the front becomes the back for the next service, the water widens and allows the sound to pass, the dingdong that accompanies the opening of the doors of the metro train, beyond the terminus, into the woods, the water allows the sound to pass beyond the terminus, the water goes along the metro line and the street with the sign '24/24 petrol pump' and 'quick and cheap self service' and 'smokers' requisites refreshments sandwiches literature' and where a closed kiosk can be seen behind a fence and where 24/24 security cameras are and a paying machine where a man fiddles with a card and walks round the petrol pump and tries another card and enters some codes and tries yet another card with another code and tries the first card again and walks round the petrol pump again to see whether he's missed something and looks round while he knows he will not get any assistance in this place but still looks round in a reflex and where his attempts to refuel and his fiddling and his looking round are registered by four security cameras and where unfuelled he drives away from the premises of the 24/24 petrol pump with the four security cameras aimed at him, the water goes in the harbour basins alongside the railway lines in the area where the business district is with the railway station, the water flows through the area where no houses are built because it is too dangerous to live there they say but where every day tens of thousands of people work they say and where they are working on an 'even better accessibility' of the area near the station which has ten train tracks, a metro station and twenty bus services and where it smells of mayonnaise and where the car park is guarded 'day and night' by 'video surveillance and recording' and where the toilets are only accessible for people who park their car there and the water runs under the station that is situated among the tall mirror glass office towers and where there is no toilet in the brasserie and where for the toilets elsewhere in the station one has to pay 50 cents, one has to pay the exact change because the machine does not give change and where the letters TO LET on the facade of the office block are bigger than those of the name of the building, the water goes in the harbour basins and alongside the railway lines that surround the business district which is protected 'collectively', where you stand alone among the tall mirror glass office towers where the telecom companies are opposite the sign 'collective protection' and where there is no place to pee and where the letters TO LET are large and where each time another sign with another colour refers to another viewpoint or is it the same viewpoint and where at five o'clock in the afternoon from the tall office buildings people flock to the station and where the motorway is called an 'environmental zone' and where outside the area with the protected telecom companies the buildings become lower, the industry more concrete, the collectivity less, the bookbinder does it without security cameras, in the ditches round the gardens the water goes, and in the canal which crosses the ring road, the water runs between the gardens and the back of the houses of a former village which is located next to the ring road, where people are allowed to live but where there are hardly any people, a few houses, an impeccably picturesque church and a cemetery, encapsulated between the motorway and the railway line and the tall office buildings, and the water runs in the canal and past the back of the few houses, the houses that remain standing and the church and the cemetery, encapsulated between 'national monument', 'cultural heritage' and 'restoration' and the water runs past the building, the small church with the short tower, the building which weighs more on the earth than that it makes a gesture towards the sky, and past the 'private road' between the closed church and the closed foundation for the preservation of the closed church and the water runs past the preserved cemetery and the foundation which sells graves to the people in the city and past the impeccably picturesque small church with the short tower which is paid by the people in the city and which is called the best wedding location in the city and which is let out by the hour and where costs for cleaning services are charged for throwing rice and where only synthetic flower petals are allowed to be strewn, and the water goes in the ditch past what is called the best wedding location in the city in the former village where hardly anyone lives hardly anyone is born and marries and dies and is buried, past the location and in the canal the water goes, the canal that crosses the ring road, the water crosses the ring road which cuts the neighbourhood in two parts, it runs alongside the edge of the neighbourhood with the little square with the old coarse paving stones with the trampled chewing gum, the neighbourhood with the dusty abandoned office building, the water runs along the edge where there are no security cameras, where there is nothing to lose and therefore nothing to defend, the edge with the old housing blocks whose balconies overlook the motorway, the balconies with the clotheslines, the waste bins, the white plastic chairs, the things people thought they might still use sometime, the water runs along the edge which changes into what on the signs is called a 'zone' and where in the zone it is forbidden to drink alcohol and where banners are hung everywhere with the word 'home' and the name of the neighbourhood, and where in the zone in which it is forbidden to drink alcohol the shops are, the library, the hotel, the market, the cash points, the local government office and the police station, and where the paving stones are newer and where the trampled chewing gum is still pink instead of grey and where in the zone in which it is forbidden to drink alcohol the people can 'adopt' a public waste container if they are annoyed about the waste lying next to the containers instead of inside them and where as 'adopters' they make sure the waste containers are well-cared-for and where they report faults and receive an 'adopter package' ('broom, gloves, tongs and a dustpan and brush') and receive a pass with which they can identify themselves and have priority when they report faults, and where in the zone in which it is forbidden to drink alcohol there is the hotel which is a 'beacon of hospitality' and which has 'luxury rooms' and 'make your stays more rewarding: join today and start earning rewards, join the elite (platinum, diamond, gold crown club)', where the hotel is and the doors to the lobby that are wide open and where there are three lifts and where above the lifts there are three clocks which indicate three different times and above which the names of three different cities are mentioned and where a man is mopping the most clean and polished floor, the most clean and polished floor beneath the clocks and the names of the cities in the lobby, and where in the zone in which it is forbidden to drink alcohol security cameras are hanging on the market place, hanging on every corner directed both ways and where there are no benches and where the place is an empty plain when there is no market and the shops are closed an empty plain without benches and without shade where you can only keep on moving and where on market days you can only buy, buy or keep on moving, where the options are to buy or to keep on moving, options which are registered by the security cameras which on every corner are directed both ways, the water runs alongside the edge which changes into a zone where on the bridge across the motorway stands a place of worship with glass walls and rugs on the floor and where from the bridge you can see the traffic on the motorway right through the space and where messages are put up on the windows: 'demonstration for tolerance, against racism', 'course: dealing with depression and stress', 'know your rights: information about renting and housing', and where opposite the place of worship with the glass walls on the bridge is situated a broker's office where messages are put up on the windows: '7 reasons to buy a house now', '111 newly built apartments for sale', 'so available so affordable so green', the water runs along the edge which changes into a zone where the place of worship with the glass walls was cleared and the messages on the windows were taken away and where the broker's office remained: '7 reasons to buy a house now', '111 newly built apartments for sale', 'so available so affordable so green', the water runs along the edge which changes into a zone which changes again into the edge along which the water runs that intersects the motorway again, along the edge which is becoming a zone, where houses are demolished and replaced, where from the outside to the inside the edge transforms into a zone, where first near the ring road and the railway line the houses are demolished and replaced, where then towards the middle, the busy streets, and finally the streets within, the streets which aren't visible from anywhere on the motorway or the railway, the streets which are only known to the people who live there, who used to live there, past the huge disused office building one wanted the art academy to move to, the huge building on the edge which is transforming into a zone, whose ground floor is boarded and fenced up, the building with the faded walls and the notice on the fence that says 'this object is protected 24 hours a day by an intelligent camera system', the water flows past the building one wanted the art academy to move to but not to the top floor because the top floor was intended for others with more money more money more panorama, the building on the edge that awaited heavy renovations and where one spoke of an 'impulse' for the neighbourhood and an 'opportunity' for the school, along the edge which is becoming a zone and where another building next to the motorway no longer met the 'current housing standards' and where a dazzling glass facade was placed in front of the original one and no balconies protrude any longer with clotheslines and waste bins and plastic chairs, where nothing protrudes any longer and a community aerial system was installed so that the dish antennas didn't need to return after the renovation so that the dish antennas no longer protrude, where the garages on the ground floor were replaced by duplexes to meet the demand for larger and more expensive houses they say, the demand for larger and more expensive houses, where because of the glass facade car drivers can 'experience' the city from the ring road, where the people didn't need to return after the renovation, the water flows past the smooth facade where nothing protrudes any longer where no one puts anything out any longer, the water intersects the motorway and flows along the edge and the zone and the edge which is becoming a zone and the railway line and the hospital and it intersects the motorway again and runs into the park, the elongated green strip alongside the ring road, and the water intersects and runs into the park and it circles and it forms ditches and ponds and it circles past the cigarette ends in the grass and the small scripts carved in the benches in the wood the small scripts that people just had to leave behind had to carve in the wood the names the phone numbers and the kissing couples on the benches and the overflowing litter bins and the empty plastic weed bags and beer cans on the ground, circles and forms ditches and ponds near the apartment blocks next to the motorway in the park and the wide short underpasses that lead from the blocks to the neighbourhood on the other side of the motorway, circles and forms near the low wall next to one of the apartment blocks on which someone has written, 'be awake in wonderland', where a man walks up to a woman and asks her whether she likes that graffiti and asks why she is looking at it and asks what she does and why she is looking at it, circles and forms near the man who is the caretaker of the apartment blocks and who says that there is more graffiti further on and says that he can show her and says that it is a nice place and says that there aren't too many problems and who gives her a guided tour of the graffiti on the low walls between the blocks, the water circles and forms near the young people who are sitting on one of the low walls and near the man who says he could chase them away but that he doesn't do that and says that they need somewhere to sit, near the young people who complain about the guided tour and the man who says they shouldn't whine like that and the woman who is embedded at a wall with some graffiti on it, the water circles through the park and near the cleaned walls, the repainted walls, the walls with the still remaining stains of something that was erased, near the wide short underpasses under the motorway which are brightly lit even during twilight and where there are pictures on the walls of what can be seen in the environment outside the underpass, images of park green and clean residential blocks and park sculptures and office buildings of steel and glass, images that form an imperative guideline for the passer-by under the motorway, images that have to prevent her from looking at someone else for a moment in the dark, or, worse, at herself, the water circles and forms ditches and ponds, ponds which reflect the light of the lanterns at night, which allow the sound of the motorway to pass and the light to reflect, the bright light, circles and forms ditches and ponds in the park near the woman, the woman who has gone back, the woman who is asked if she isn't afraid there in that park in the dark next to the motorway, who is asked if she isn't afraid, who is asked again and again if she isn't afraid, the woman who has gone back, who circles and searches for the graffiti, the wall, another wall further down, or the first wall after all, but who has to conclude that the words have disappeared, that they are really no longer there, 'be awake in wonderland', past the metro station the water goes, an escalator from the street to the elevated platform surrounded by walls with gates and security cameras, alongside the railway line the water flows, alongside the neighbourhood which mirrors the park on the other side of the ring road, the neighbourhood where people live amid institutes, institutes which regulate behaviour, behaviour concerning the body, education, thinking, living, past the neighbourhood which mirrors the park where graffiti is erased and the underpasses under the motorway are brightly lit, the neighbourhood where people don't walk past cafés and a cinema and a market place with benches in the shade but past institutes for medical care and special needs education and assisted living and psychological counselling, where people walk among those institutes every day, a business centre, an economic training centre, an IT academy, a college, a business academy, a school cluster, a centre for intercultural psychiatry and psycho-medical programmes, a service centre, a hospital, a heavily protected bus depot, a meeting centre for entrepreneurs and organisations and young people with a restaurant – an '(apprentices') workplace with a mission' – and a security camera above the outdoor seating area, a fenced sports field of about 100 metres long that belongs to a school, another school (completely walled in), a medical diagnostic centre, a residential centre for the elderly, a polytechnic, a day-care centre, a school complex, a college, a work and training centre, a place of worship near a roundabout ('god loves you'), a next place of worship near the next roundabout ('god is love'), a college, a housing company, an organisation that offers a social investment programme, a site for the creative industries, a thrift shop, a youth association, a foundation for ecumenical special education, an association 'women for women', a centre for church social welfare work, an open learning centre, a public library, a municipal project space, a centre for remedial education, an association for homeopathy, a regional institute for youth dental care, a centre for school counselling, a school, a spiritual centre, an education and youth centre, a centre for special needs education, a student house, a special needs educational centre for children with hearing, speech and language difficulties, a neighbourhood organisation, a parent-child centre, a centre for audiology, another place of worship, another dental practice, another department of the centre for audiology, another centre for assisted living, the water flows alongside the neighbourhood with the institutes which mirrors the park with the erased graffiti and where a ban on public gathering was imposed and where a boy was seen standing next to a burning litter bin and was arrested, the neighbourhood where other boys came into the square and threw stones, the square with the institutes and the ban on public gathering and where near the entrance of the supermarket a man rails at the world and is abused in turn by a guard, the square with the institutes and the ban on public gathering and the supermarket and the ban on alcohol use and the police station, where a boy entered the police station and stabbed two officers with a knife, the boy who took the energy from the square and the institutes and the supermarket and the ban on alcohol use and the police station and the ban on public gathering and took the energy to something outside himself, to where he ended, bordered on something else because he didn't know what to do with the energy and he rid himself of it and passed on everything he had in excess to be in a state of rest, the square where the boy was shot in turn by one of the police officers, where other boys came into the square, threw stones, set cars on fire and refused to be friendly to the TV crew, the square with the ban on public gathering and the ban on alcohol use and the police station and the supermarket and the place of worship where a service was held for the boy who was shot, the water flows past the square where next to each other are a police station and a place of worship, where the place of worship is expanding and where the walls of the police station are encompassed by fourteen security cameras, where on the walls of the supermarket a plan is put up for 'a new future' for the square, with on the map the outlines of various 'zones': 'shopping', 'meeting', 'education' and 'welfare', and a small overlap in the middle, in the straight ditch along the railway line the water goes, past the straight rows of trees in the residential streets, past the underpasses under the motorway that lead to more straight rows of trees in residential streets, past the edge of the neighbourhood where boys are smoking weed sitting on the backs of the benches, their feet on the seats, the shrubbery behind them, the water in the canal in front of them, the water intersects the motorway again, past the boys sitting on the backs of the benches, it flows past a building site half a square kilometre big and some woods where a bicycle lane runs through and people hurry on, where the sleeping places in the woods and the half finished apartment blocks on the building site lie equally motionless within the movement of the circulating cyclists, the water runs in the canal alongside the motorway which separates the motorway from the neighbourhood where there are no apartment blocks and no alcohol prohibition signs and no institutes which regulate behaviour but spacious houses with front gardens, the water runs in the canal which separates the motorway and everything in its immediate vicinity from the neighbourhood with the spacious houses where a woman removes with a dustpan and brush dead leaves from the ground round a tree opposite a newly designed cooking studio but where the florist has left and a considerable part of the spacious houses is for sale, the water runs in the canal which separates this neighbourhood from the motorway and everything in its immediate vicinity like the shabby apartments for foreign students, the centre for the homeless, the addicted and the mentally ill which is being replaced by a centre for 'assisted living' – twelve floors, lots of glass – and the men who drink their beer from cans on the benches among the tall nettles, in the river the water flows, it branches out into the small harbour of the small industrial area in the inside bend of the ring road, the bend in the ring road where the houses end and the sports field begins, where the road to the airport begins, where the railway lines bend along, the water intersects the knot of roads and bridges and railway lines and the bicycle lanes underneath them, the water goes in the ditch round the deserted sports field, in the ditch which is surrounded by the bending, intersecting motorway and railway line, bending towards the airport and bending towards the rest of the city, round the sports field the water goes, round the shrubbery and the grass strip round the sports field the water goes, the deserted sports field, past the motorway the water goes, past the parking spaces and the green area with the condoms and the tissues and the posters which announce parties on the concrete pillars under the railway lines, parties that still have to take place, and the shreds of the old posters in the grass and the mud and the stately office buildings along the motorway to the airport, the water seeks the lowest point, in the lake the water is, the lake on the border of the city near the road to the airport, the lake where among the trees on the shore the men find each other furtively, between the city and the airport, between home and work, between the road and the lake where they park their cars and walk into the area, walk alone, walk along the paths, walk round, walk up and down, or stand, and wait, walk across the car park, between the cars, or stand, visible near the side of the road, where the men wear jeans and T-shirts and caps, or trousers and shirts and where they have left their suit jacket in the car, the water is in the lake where round a clearing among the trees the men stand, in a silent semicircle the men stand with their back to the clearing, their face to the tree they are standing near to, their legs slightly apart, where they cannot see who approaches them but wait, like in the dark, the water is in the lake on the border of the city which allows the men to find each other furtively, they say, which is proud of this, they say, which develops on the same shore a recreational area, which receives complaints about 'offensive behaviour', on the border of the city where the area of the men has also become a nature reserve for Scottish Highland cattle, the city where the area of the men is bounded by cattle grids, the water seeks the lowest point, in the lake where on the shore is a newly built coffee and lunch bar with an outdoor seating area with wooden planking where people gaze over the surface of the water from their seats in the sun and where one can attach one's bike safely to a blue metal curved bicycle stand and where the coffee is good they say and where they complain that the children eat too many sweets and where there is a 'viewpoint' sign while from every spot on the lakeside you can look over the water and see a similar piece of nature but where the panel with the word 'viewpoint' is next to the outdoor seating area with the wooden planking of the new coffee and lunch bar and the safe bicycle stand, in the lake where on the shore in the reserve for Scottish Highland cattle and the men who find each other furtively, the children forage about over the footpath and saunter and form small groups, the water is in the pools into which the children peer who brought jars and fishing nets and rubber boots and between the grass and the leaves and where the children with the jars hear the voice of the supervisor who says they have to wait until the supervisor arrives and stir the water and don't wait until the supervisor has arrived and crow to each other that they've gót something the children who are standing in the water in the puddles and between the grass and the leaves, the water surrounds the rubber boots of the children where the supervisor emphatically greets the passers-by, marks the passers-by, the water is in the puddles at the feet of the supervisor who marks because that is his job that is what he does the whole day with the passers-by and the children, he marks them, and what he doesn't mark, hasn't marked, doesn't count for him, the water is in the lake, it goes under the jetties in the yacht-basin and past the cattle grid and round the ground of what on a sign is called a 'garden group' and round the fence with the sign on which the words 'garden group' are accompanied by the word 'our', the water goes between the cattle grid and the word 'our' and round the ground and between the divided plots of land in straight ditches parallel to straight footpaths lined with tall hedges and shrubs which protect every garden from the eyes of the passer-by, the divided ground, the protected ground crammed with flowers and ornamental plants and furniture and plastic ponds or immaculate lawns between the tall hedges and prefab summer houses large enough to live in but where there is little chance of living because one has to live somewhere else first to be able to rent a garden, where living somewhere else precedes the use of a garden, the water runs between the divided ground, the labelled ground, between the nameplates which belong to the footpaths and the nameplates which belong to the trees and the letterboxes and the plates with the numbers which belong to the houses and sometimes also the nameplates which belong to the houses, the ground where waste and compost heaps are not allowed to be visible from the footpaths and where the summer houses are not allowed to be painted in colours which 'blot' the garden park and where one is not allowed to lay planks across the ditch which surrounds the garden park, the water goes in the ditch round the ground where no vegetables are grown like in the allotments which lie open in the land where there is some space left near the river or on the side of the road or the railway line, allotments without summer houses but with maybe a small shed and where the garden is a plot of land with rows of lettuce and tomatoes and strawberries that people harvest and eat, the water goes in the ditch round the ground with the ornamental gardens and the furniture and the ponds and the prefab summer houses where hardly anyone sits or works in their garden and where no planks are laid across the encircling ditch and where more cars are parked outside the fence than that there are people visibly present within it, in the river the water flows, and in the other river, past the cemeteries the water flows, past the cemetery on one river and the cemetery on the other river, past the cemeteries between which the new business district is located, the business district with its 'efficient connections' and 'high-quality economy' and 'international competition' and 'aura' and 'put on the map' and 'excellence' and 'knowledge development', past the cemeteries between which the new business centre is located on both sides of the ring road, where a new metro line is constructed which will connect the district to the central station they say but where for decades trains have been calling at the stations in the district connecting it to the central station, where the art academy is that one wanted to move to the huge disused office building in the neighbourhood that awaited heavy renovations but not to the top floor because the top floor was intended for others with more money more money more panorama, the water flows in the rivers past the cemeteries between which the new business district is located and the art academy stayed, where the university wants to move to the place where the football fields are, close to the motorway close to the brand new office towers on the most expensive land in the country, where the university wants to move from one side of the street to an entirely new complex on the other side of the street and wants to call itself 'univercity' in the new place, where the football fields have to move to the old location of the university, from one side of the street to the other side of the street where a university complex first needs to be demolished and where the football fields will be made of artificial turf because that is easier they say, the water flows in the rivers past the cemeteries between which the buildings of the 'World Trade Centre' are, buildings that recently got glass facades for a more 'transparent character', where on the ground floors on the small pedestrian square there are an 'Italian' espresso bar, a noodle bar, various diners, a lounge, a dry cleaner's and an 'expat centre', where the railway station at the pedestrian square will be the terminus of the new metro line while the old line continues, where in and round the small station under the elevated motorway and railway line there are twenty four security cameras and where near the entrance a frosted glass panel was placed in front of the motorway and railway embankment which takes away the view of the greenery in the verge and on which images can be seen of branches, blossom, pink petals and a bird's nest with eggs, where behind the frosted panel are thistles, grass, ivy, nettles, a rusty supermarket trolley and where a vague smell of piss pervades, the water flows in the rivers past the cemeteries between which the most expensive land in the country lies, where people pull rolling suitcases behind them while making a phone call or eat a sandwich while holding a mobile to their ear or have lunch on a bench while they are talking in groups or talk to each other while they're walking past the flowering sprigs which were placed in front of the nettles in the direction of the railway and metro station, where one wants to reroute the ring road underground because that would limit 'environmental nuisance' while nearly everywhere else in the city the ring road runs above ground, everywhere one wants car drivers to 'experience' the city from the motorway, in the river the water flows, past the cemetery on the bank, where near the entrance is a notice board with the 'section division' of the cemetery and where a 'visual quality plan' determines that every area must have its own ambience, where the footpaths are wide, the trees are numerous, the space between the graves is generous, where stone markers demarcate the footpaths and where there are signposts on the crossings, the water runs round the ground, the divided ground, the labelled ground, round the nameplates which belong to the footpaths and the nameplates which belong to the sections and the numbers which belong to the graves and the names which belong to the graves, where the people who rent or purchase a grave should conform to the ambience of the section, which they should 'respect in the decoration and maintenance of the grave' and where the owners receive a 'newsletter with an events calendar', in the river the water flows, and in the ditch round the cemetery where in the middle and near the entrance the old stones are, and immediately around them the newer but similar stones, where in a remote corner near the ring road there is a new section where the gravestones are with the ogival arches and where also near the motorway but even further removed from the entrance the gravestones are which clearly differ from the others and from each other, the deviating stones, the 'possibly offensive' monuments, the graves of those who neither during their lives had a place in the 'ambience' of their section, the water goes round the ground where everything that is visible is controlled by a maximum of cultivated nature, the water goes in the river which the motorway and the railway line and the bicycle lane next to the motorway cross, the water flows between the cemetery and the next garden park with the fence and the footpaths and the ditch round the ground where everything that is visible is controlled by a maximum of cultivated nature and where in the garden park the space for deviating forms is lacking, between the cemetery and the garden park the water flows, where in the woods near the ring road there is a tent and a bicycle and plastic bags with things and behind the tent the baby nappies and the shit the human shit and the blue-green flies buzzing low above the ground, in the river between the park with the word PARK in large letters above the gate and the recreation area with the footpaths and the bicycle trails and the picnic tables, in the river past yet another area that will be transformed into a 'business park', where the use of the business park will be 'intensified', the public spaces 'improved', the 'creative industry attracted', where a '4 star plus hotel' must be built 'with 200 rooms and 85 extended stay units and 2 restaurants and a café and a spa/wellness centre and a conference space and a 24-hour shop', in the river the water goes, in the river and the canal between which the prison stands the water goes and round the ground on which the tall buildings stand, the divided ground, the labelled ground, the allocated ground, where on the wall along the ditch there is a sign 'no fishing' no recreation area and where the railway line no longer runs parallel to the ring road but bends in the direction of the centre and in the direction of other cities and the trains go by, continually go by, the inbound trains and the outbound trains past the prison walls and the tall buildings within the walls and the tall buildings outside the walls, the office buildings on the riverbank, where a man brings two bags of clothes which he delivers at the entrance of the prison and says they are for his neighbour's son and for his nephew, and says their names, the water flows alongside the railway line leading out of the city and beneath the elevated intersecting lines at the railway station on the border between the 'business park' and the area with the high-rise estates that were developed decades ago outside the ring road, well outside the ring road round the city, beneath the railway station the water flows, the station which is a dead end for whoever drives there by car, which one can reach from the business park or from the area with the high-rise estates but where one cannot pass through, where there is no connection for car drivers between the business park and the housing estates outside the ring road, the water flows under the railway station where on one side there is a taxi stand, the business park side, and where whoever takes a taxi to the area with the housing estates has to make a detour of a few kilometres to get there, and where on the square with the official taxi stand not much happens nothing moves and where on the other side of the station, the high-rise estate side, is a small nameless roundabout where people are continually picked up and dropped off, where people without many words get into and out of cars which drive up and immediately drive off again, where people without many words get into a car which converts the obstacle of the dead end into a supple curve, the water flows beneath the railway station which borders the area with the high-rise estates that were developed decades ago, where people went to live who couldn't live anywhere else or weren't allowed to or didn't want to and who had to live somewhere and who used all possible spaces to help each other get food, sleeping places and legal advice, where the housing association suffered losses because rents weren't paid, people left with debts, left without notice, where the housing association suffered losses and so the area was declared 'dangerous', the spaces that were accessible to everybody 'unsafe', the car parks, corridors and underpasses 'too dark', where the high-rise estates were demolished and replaced by houses with gardens, by houses with gardens that one has to buy, can only rent to a limited extent, houses with gardens for families with children that one has to buy so that the housing company no longer suffers losses but which the people in the area cannot afford to buy, can only buy to a limited extent, and where therefore people from other areas other regions have to be attracted to buy the houses and the people in the area can only be there to a limited extent and therefore have to move to other areas other regions and where the coming of people who buy the houses and the going of people who can no longer rent the houses is called a 'housing career', where the high-rise estates were demolished and a home furnishing mall was erected so that the housing company doesn't suffer losses, where the places that were accessible to everybody, the car parks, the corridors, the underpasses, were bricked up with subsidised projects, 'education' and 'services', alongside de ring road the water goes, past the streets that are repeated again and again, the garages, the awnings, the back gardens, the garden fences, the parasols, the ivy, the waste bins and the cars in front of the houses, the flower beds, the garden chairs, the skylights, alongside the ring road past the streets where only the names vary and the graffiti on the back of the garages, alongside the motorway past the sports fields, past the neighbourhood where the houses are made of beige stone and have a blue door or are made of grey stone and have a red door, alongside the motorway past the sports fields and in the ditches round the sports fields where people laid planks across the ditch here and there so they can reach the street, short narrow planks just wide enough for one foot, past the new 'science park' of the other university in the city the water goes, the science park which is enclosed between the canal and the railway line and the ring road, and where it is mandatory for students to live on campus, in the canal the water goes, the wide connecting canal between the city and other cities other regions, and in the river, and in the vast lake between the city and other cities other regions, in the canal and the river and the lake the water goes, more water than land more water than city, one water which by planners and builders and diggers and cutters was divided into a canal and a river and a lake, divided by the people in the city, the city between the water, the water goes in the area which is more water than land, where the motorway is a narrow strip of concrete above the canal and the river, the water goes round the islands, the islands on which three quarters of a residential area arose and where after this there was no more money to continue building, the islands with the connecting bridges and the bicycle lanes always first the bicycle lanes from windy sandy piece of land to windy sandy piece of land, from rows of naked newly built blocks for sale to rows of naked newly built blocks for sale with in the middle a broad street with security cameras, cash points and the same chain stores like everywhere else in the city, in the canal the water goes, with the bridges and the locks and the ring road the concrete strip on concrete pillars, past the narrow strip of land the water goes, the raised earth, past the strip of land where there are no rows of naked newly built blocks for sale yet, where a few people are still living without a 'housing career' and without cash points in the area and without varnished garden gates, where a few people are still working in the remaining sheds, in the river the water goes, with the locks and the bridge and the motorway tunnel, round the tunnel the water goes and in a thousand streams on the other bank and in a thousand streams the water divides the land into small thin strips thin strips of land between a thousand little streams in which the water goes, the water goes in a thousand streams between the fields outside the ring road and between the neighbourhoods inside the ring road, between the gardens in the garden park outside the ring road and between the gardens in the garden park inside the ring road, the water crosses the ring road which crosses the garden park or are they two parks or three or four with footbridges and garden gnomes and fences and ditches round the gardens and locks on the gates and barbed wire, where walkers are welcome according to the notice board at the entrance but where there is no passage way, where all the exits are locked, the fences and the barbed wire that runs down into the water of the ditches to make sure that no one could go from one part to the other part of the park or from the park to the road or from the park to the fields, the water runs round the barbed wire, round the extra security because one never knows if there is someone who has to continue on his way and so the only way is the way back, the only way is the loop in the garden park, which leads whoever wants to continue on his way back to the notice board at the entrance which says that walkers are welcome, the way to be continued is through the entrance, the water goes in the streams and the rivers between the fields outside the ring road and between the neighbourhoods inside the ring road, the neighbourhoods where the cranes are one two three four and where it is dusty because houses are being demolished and houses are being built, round the neighbourhoods inside the bend of the motorway and the sports fields outside the bend of the motorway, round the neighbourhoods inside the ring road and the golf course outside the ring road, the water intersects the motorway in streams and rivers, the straight streams and rivers which intersect the bending motorway and run into the fields, out of the city in straight lines towards the villages in the land, the church towers of the villages visible at the end of the straight lines, the water goes in the streams and the rivers between the land and the bicycle lanes and the electricity pylons and the signs 'nature reserve' and the road signs with the number of kilometres to the villages and the water goes underneath the straight overhead power lines, the water goes alongside the motorway between the dusty neighbourhoods and the fields and the church towers in the villages and the bicycle lanes and the electricity pylons and the golf course, round the residential areas and the little parks and the shopping centre the water goes, here the residential area there the parks and there the shopping centre, divided by canals and streets and roads walk here drive there the streets and roads without pavements buses only cyclists only no cars no pedestrians go round divided by the elevated main road no pedestrians underpass under the main road bridges across the water access roads to the shopping centre no pedestrians the car parks to the little park from the shopping centre only underneath the main road through another street bike here walk there the underpasses under the motorway to the fields with the electricity pylons some for car traffic others only on foot or by bike and back into the neighbourhoods and the road which is only intended for the bus no walking no cycling, the water goes round the cemetery along which yet another strip of land is made available for more houses new houses houses for sale the brand new pink bicycle lane that was laid first among the sand heaps the brand new bicycle lane which glitters from the rain between the new houses, the water goes alongside the motorway and round the neighbourhood and round the sports fields and inside the bend of the slip road and past the petrol station and the fast-food restaurant, past the road with the styrofoam cups and boxes in the grass and the straws and the paper napkins and the grass strewn with white packaging, past the sports fields and the gardens, round the neighbourhoods and the river which intersects the motorway, in the straight river which intersects the bending motorway and runs out of the city into the fields, towards even more water more water than land, round the residential area inside the ring road the water goes, and in the residential area, as much water as land, round the sports field lying in the inside bend of the ring road the water goes, the bend in the ring road where the houses end and the sports field begins, where the road to the next town begins, beneath the motorway junction the water goes, and between the bends of the motorway junction, past the bends, the branching roads, past the electricity pylons, the excavators and the drills and the running engines, round the tunnel the water goes, the water flows round the second tunnel which is being built between the two banks, the tunnel which will give birth to a second motorway next to the ring road, the ring road which creates efficient connections they say and facilitates the flow of traffic, the ring road round the city, the ring road that doesn't run round the city but straight across the city, the ring road that separates the older central districts from the newer parts so that one speaks of inside and outside the ring road, the water flows between the grass verge and the mossy rocks on the banks, between the plain between the city and the next city and the wind turbines, between the boys who give free reign to their motorbikes on the sand and the dark chemical storage tanks, between the boys who are fishing at the foot of the electricity pylon and the warehouse with the fence and the sign 'no smoking and no open flames', between the air shafts and the check point, between the cranes and the offices, between the green zone with the electricity pylons and the wooden picnic table on the grass, between the point from which you can look at the viewpoint and the viewpoint, between the edges of the canal that leads from the city to the sea, the water flows from the city to the sea

4

SKLIM NYMZ CMO NYMZ TYES OLIE SMO PENGO MOES SHEA TYES EDNDLS MUSTAFA CMO MUTLU SEIZ CMO TYES CROK TOFU IS LIFE TYES 2010 FMP CMO SAF HIV HOER DOOD MTS FACS JENS1 EDGE EDGE PASOET ROBOW JUGU ATB RAZ SHAMO ROBOW RAZ MIA HE PAB ENOX PAX PAB DUD SAF HOER DOOD DUD NOUSO RULIONE ESZK ABUSE TWICE ZKN BEC REPAY SNE NOUDDFF DD RENGO OMCE THINK HAPPY THOUGHTS FUL BABOEZ BHOZ AFCA FUCK YOU VT OMCE SAFIRA HIV HOER USINO DHK SAFIRA HIV HOER DOOD NL SAFIRA HIV HOER DOOD TM TM FW VT JBCB STB FAG LOVE YOU HE WAS HIER DOOD JAKE OMCE SISSIO RASD CBS DOYAS FAR KERO SMS SUSSR TOKE ATZE CBS JAKE SDF ACAB JAKE VTN CTN SR BAC TOKE EDGE WAAR IS VINCENT SWEK IBIS FW JAKE HORIS IBIS MUSE IBIS FW MTS PW TAM 34 JAKE SWEK WELKOM IBIS TAM MORZ MEUS MORZ FW GAME RUFF 2012 SMROS MIKE SNO FW BBB QIYZ KERO AIZE JIBI JBCB FW FW TWICE FW FW GMS SMS SMS SMS SMS BORF ZARR SKY BONGO RSMTSNS BORF SKY CFH AOD OMP OSD SKY SMS SMS BOTL FW IBIS SMS IBIS SOFER IBIS SKEE SKEE ATB OMCE SRUIR DIE OSD TAEA OMCENT SAMSON JANOS SKY ROFLT IBIS SKEE FW STOP ME BEFORE LD IBIS JAKE SPOKES FOLINE IBIS JAKE JAKE REPAY ABUSE SMS AMS OSO SMS ST ST PLOPLO SMS BOK ROFL FW ESER HNG SWATE UPSC KAPITALISM YAY KOTNY UPSC HORIS BUK KOTNY UPSC JC SK ROFLT KOTNY UPSC SWATE PAB HNG EXCCE KANKER ROFL JAKE 8R RAT ROFLT FCC SK ROFLT NES JUGE EDGE RDS ASDE VEG LD TB2005 TSF CSP PONE SMS 2012 PONE DE MENEER IS DE VERDACHTE LOVE HHHH ZPC TOETET ENESRACHA BITCH FW BORF ROFL SMS NATE LATE SOK BOK SMS ROFLT ROFLT HORIS SIMONE DIE KOOSIE HIOHKSU SMS SCAPE NO SMILE SMS OLLIE OSD MADAME FLORA OSO MADAM SMS OSD SMS ROFL AFCA HEB JE HAAST NEEM EEN OMWEG NTB ASB SMS LUUK SMS JC SMS SMS SMS ROFL AME ESEK GEY LOVE SMILE ZWOELE ZATERDAG FEESTJE NACHT NA PARCOUR SWEET STREETS POETRY DADELIJK GAAN WE ECHT BOK NICU GMG GMG DFK MERCY ITEMS ZOO SES BOK SMS SMS SMS BBS CUT AMO EVK RRLE SRC ALLIBE ROFL BOK ROFL WAW I LOVE MO HABIBA LDCREW 2009 FW OSD HALLO MENSEN RUB KAM CAGO HEBRINA ISABELLA FW FW FW VT FW MIKE EN ZAKA ZAKA MIKE OMCE AGE FW RTLN AGE AGE OPC 2009 VT ASO ASO PAK VT PAK SKUNK VT THINK DEUR RAINMAN KATEO ASF FW VT PAK ONCE HIROCK DREAM PEAZ CARLOS FUMS JAKE TPS HALLO LOVE YOU OMCE BUTZ DREAM OSD SOCER FACE A9 PHASE TM TROE OMG OMCE FACS TROE UTP OSB UP TO PUNX 2012 JFP NUMB RUDE DNA OMCE ESEX EBS BKS NS FW BBRS FW PAB BRAK

OMCE EDGE DJE STOP ME TROE FACS TROE OMCE OMCE IHAW TWC NAMZ SKEE SKEE SHANE AZO ESOR OLIE OS DTROL RENEK EKCES CBS EDGE HERSINA IS DOM FUMS NICOLE LENO DIED SMUT GO DIED LENO SMUT PAK COV SMUT LENO SMUT KH DUD JAKE LENO DIED BREAKM EDGE JUGU ATB RAZ SHAMO ROBOW RAZ CHIWIZ EDGE SKIZIO SHAMONS ROBOW PHASE OMB RAZ RAZ JUGE ROBOW PENOY ATB OMB RAZ ESA RFC BUBR UNRIH RAZ PHASE BREAKM THE PADDED CELL CALLED THE SOUL BONGO BONGO CHIWA SHAM KOOL SKEE OMCE FUMS SKEE BETOVEREND TURKIJE SCREEZ CHIWA YEN LDR EMOX AYZ ATB OMCE SIX 3.14 TO PROTECT AND TO SERVE FW KINGKONG HOWZBOWZ MUSIC FW MEZJE FUMS BRT SKEE MTS OMCE SKEE EDGE BIG ACE DAOR KOOL SKEE ATB MOLAKKO MOLAKKO SHAME O FW BS JBUS MTS CATFFE SHAME SINO PHASE DUP SWEK MOBE VANDAS GEBKO ZPC GEBKO SAID ZPC HOER IS EEN HOER MOOI NIET DAP DAP TS TS PAX REAGE FU NAKE ZERX SHAME MERVE GEBKO EMATIMO HA MMED BACH S CENO UH U GERE FUCK CASTAR ESO APPEL HOOFD IS EEN HOMO DOR DO SUDE KADI POEP WAAR IS WAAR IS SR FDS WAAR IS GA POEPEN WAAR IS CC FUCK FUCK SUNA Y ABDEL NET LOSER DAS DMCO A TNO SCEL FW FW FW SAFIRA HIV HOER DOOD SAFIRA HIV HOER DOOD SNOT 81 RULES 81 DOLFYNTIE SCAFFA ROHY IKE BO MM ARLETTE FW PAK MOHAMED EM EMRO SRUIR SPAZ OREK MBH FW YOEHE RYAN CHIM IA IK WAS HIER PC NISA VT VT ESC SND NHDOR 26 SKEE 107 SKEE TLPMTS NYO BAR RENGO PAK NYO TKC TKC ANBO CNHLZ MOHAMED SAHIC SAHIC DOD ROME SKEE OMCE OSD MALS MACHO VT MSP DOS CANOT DHM MEBO ADI CMO JANICK EN MELANIE LOVE NURD JANICK MAFKEES SAFAT IK KEN JE NIET KONINGINEDAG JANICK VT VT MTS KH SAZE FW ETTR CAS KH SAFIRA DOOD VISSER WSR NYO KH FW OMCE ROE KH FACS FW VT DHK OSB OPS OPS OMCE KH CAWO HNG NINA 25 24 05 VT OMCE ANBOO SHEA RENGO DOZ BAO TWC PAB BWC RIXE TAM AOC GOA FACS IAG SKEE OLD BOYS OSD OASE DODE WERELD MOOX LA IRA OSD DOOD HIV SAFIRA DOOD HIV HOER MTS SF DOOD KH DJ LIONKING PAYSOE AFW 2010 MTS ASF ACE MOOI BOY SKEE SKEE MOOI MOOI JEVAINEY WAS HERE OMCE FACS SKEE MTS OSD SOFER VT SINO SOFER RAZ HAYAR SAFIRA DOOD HIV HOER FUPS JERA JONAS JONAS ALARSA BLOED OXO FW DOD DOD DOD DOD KNICKS VT OMCE SHAMO TSL RALPH VT SAZE DNA SHIT SF DOOD FOG SKEE LISA NOFNES LAYLA NAIMA SAMA BALAR VT DX GLS VT VT BRAK VTS WELKOM LENTEN NBK IBIS SAF DOOD FUCK NGS NIC NIC OOST BOOGIE SMS SMS BOK SRE FW FAK ROFL ROFL

SMS SB SF DOOD SOUKY BOBO BOBO DHK OSD CHIMA FW MTS FUPS ROS FUPS OSD AIMER KERX FUM TROL OSD TROL BB SMS BIRD SOU JE BENT ZO LELIJK HAHA LEUK VOOR JE OSD MB MB MB ACAB ACAB FUCK COPS DONT FORGET TO BRING A TOWEL PEBHINE ACAB SMS SMS AMS ISMAIL WELKOM DOP EASTSIDE ZARAH ZARAH ZARAH AQSA EDA SAMAN ZARAH DOOD RYAN ROS SAFIERA HIV HOER DOOD OMB SMS SAFIRA HIV HOER OMCE POP HIER HAHA HIER MORZ POEP BRAZIL HEAT ROBERT DE NIRO BROKEN ARROW KARAKAN EVER ASK GSM AMS SKEE JAKE LUF MAS PAB FUMS OMCE PAK OMCE TWICE ESEK SKEE BYF LD JAKE JAKE SOEH ROOZ NEUZ IC NBK TROL CUNBA EPI CHAIMS CHAIMS AIMER EMOX SUKKEL ATB BRAK KUT LUL ESONE SKEE TUUC PAB FW AME TAM SONEA

♦

De inrichting van de buurt is rommelig van karakter. Het winkelaanbod is eenzijdig van aard. De kooporiëntatie van de bewoners is sterk gericht op de buurtwinkels. De mensen doen bijna alle dagelijkse boodschappen in hun eigen wijk. Binnen de sector food zijn er veel kleine supermarkten en winkels in buitenlandse voedingsmiddelen. Non food wordt vooral gekenmerkt door winkels in kledingstoffen, huishoudelijke artikelen, telefoon- en belhuizen, wassalons, beautysalons en reisbureaus. Het horeca-aanbod situeert zich vooral binnen de avondhoreca. De horecagelegenheden zijn van een laagwaardig niveau en liggen verspreid over het gebied. Er is een gemis aan hoogwaardige daghoreca. De kwaliteit van het ondernemerschap is onder de maat. De uitstraling van de etalages is matig. Het vloeroppervlak van veel winkelpanden is naar huidige maatstaven te klein. Momenteel wordt de winkelfunctie van de hoofdstraat op verschillende plekken onderbroken door andere functies. Ook ontbreekt het aan een publiekstrekker. In de SWOT-analyse vormt het eenzijdige winkelaanbod een bedreiging voor de buurt. De verkeerschaos in de hoofdstraat is hoog. Het opleidingsniveau van de ondernemers is laag. De boomvakken zorgen ervoor dat de grond verzakt. De schuine parkeervakken maken het parkeren gevaarlijk voor automobilisten en fietsers. De kwaliteit van de producten laat te wensen over. Bovendien wordt er aan branchevreemde verkoop gedaan. Zo zijn er bijvoorbeeld bakkers die achter in de winkel houten planken verkopen. De inrichting van de buurt is rommelig van karakter. Dit wordt veroorzaakt door het versnipperd gebruik van groenvoorzieningen. Op sommige plekken ontbreken bomen langs de wegen. De spoordijk biedt een onsamenhangende aanblik door de toepassing van verschillende struiken en bomen. Sommige pleinen zijn versnipperd en vertonen een onrustig beeld door het vóórkomen van kleinschalig groen. Veel binnentuinen zijn volgebouwd met illegale bouwsels. De kwaliteit van de openbare ruimte is laag. Het huidige plein is klein en kent een aantal problemen zoals drugsoverlast en hangjongeren. Het huidige plein vervult op dit moment niet de functie van een centrale ontmoetingsplek. De woningvoorraad in de buurt is zeer eenzijdig van samenstelling. Het woningaanbod bestaat overwegend uit kleine goedkope huurwoningen. Meer dan één op de vier huishoudens leeft op of onder het sociale minimum. Het percentage goedkope huurwoningen in de buurt moet teruggebracht worden. De winkels zijn vooral nog gericht op een eigen publiek, en dat moet veranderen. Het loont de moeite om de verschillende pandeigenaren inzichtelijk te maken. We moeten inzetten op het verhuren aan door ons gewenste ondernemers. We willen kleinschalige bedrijvigheid nadrukkelijk stimuleren. Het is relevant twee of drie naast elkaar gelegen panden te kopen, om grotere winkelruimten te kunnen creëren. Met deze grotere panden kan een ander type ondernemerschap worden aangetrokken. Het bestuur erkent dat de iepen karakteristiek zijn voor de winkelstraat. Het bestuur vindt echter dat de huidige bomen van verschillende soorten, leeftijden en grootten een versnipperd en rommelig beeld geven. De groenstructuur komt niet overeen met het gewenste stadsschoon, zoals dat vastgelegd is in het groenbeleidsplan. Zo staan er her en der grote iepen met dicht bladerdek die het zicht op de typische bebouwing in de winkelstraat ontnemen. De aanblik van de straat wordt verder verstoord door kleine iepen van maar liefst vier soorten. We zullen een aanvalsplan opstellen. In het aanvalsplan worden maatregelen opgenomen om ongewenste functies uit de straat te verwijderen. In het aanvalsplan worden maatregelen genomen om de bedrijvigheid in de straat te vergroten. Ook kan gedacht worden aan het uitsluiten van bepaalde typen ondernemers. Dankzij de nieuwe wet kunnen bestuursorganen vergunningen en subsidies weigeren of intrekken, en aanbestedingen niet gunnen. De aanwezige horeca en belhuizen zijn doorgelicht. Tegen ruim 75% van de onderzochte gelegenheden bleken ernstige bezwaren te bestaan. Er wordt prioriteit gegeven aan het verwijderen van deze rotte plekken. Een deel van de iepen is ziek en moet gekapt worden. Voor de herinrichting van de straat worden 36 iepen verplaatst naar een andere plek. De overige iepen moeten worden gekapt omdat ze niet geschikt zijn voor verplanting. Door kleinere gelijksoortige, gelijkvormige bomen te planten, wordt het geheel overzichtelijker. We hebben onlangs ingezet op de aanpak van belhuizen. De grote concentratie van belhuizen beheerst het straatbeeld. Een belhuis is makkelijk op te zetten. Men heeft geen diploma nodig en hoeft geen investering te doen. Belhuizen zijn onderdeel van de 24-uur-economie en hebben vaak een sociale functie. Belhuizen hebben een geschikte infrastructuur voor informeel bankieren. Informeel bankieren voorziet op zich in een legitieme behoefte. Het maakt het mogelijk voor mensen om geld over te maken naar landen in delen van de wereld waar geen officiële of betrouwbare banken zijn. Probleem is echter dat er geen toezicht is op de geldtransacties. Het gebruik van de infrastructuur door criminelen is dus een risico. Het gebruik van panden als belhuis wordt daarom verboden in de buurt. Daar kunnen geldstromen lopen waar je helemaal geen zicht op hebt. Informeel bankieren wordt in sommige gevallen in verband gebracht met terreur. Voor een goede ontwikkeling van de hoofdstraat is het van belang dat een aaneengesloten winkelgebied ontstaat. Hoogwaardige daghoreca maakt de straat aantrekkelijker voor dagjesmensen en toeristen. Een promotieplan zal de boodschap uitdragen dat het winkelgebied onmisbaar is voor omwonenden en aantrekkelijk voor anderen. Het multiculturele aanbod is waardevol en dient gekoesterd te worden. De locale economie zou een oppepper krijgen door het winkelaanbod uit te breiden met een paar gekende ketenwinkels. In het huidige kerkgebouw, waar op dit moment tevens een voedselbank gevestigd is, zou een leuke bazaar kunnen komen. Als oplossing voor over-last en criminaliteit wordt voorgesteld om de 24-uur-winkels te sluiten. Door het plaatsen van trekkers en enkele herkenbare ankers in het langgerekte winkelgebied, ontstaat er een spanningsboog. De ambitie is om winkelondersteunende horeca met een bijzonder en onderscheidend karakter toe te voegen aan het aanbod. Gedacht wordt aan een Coffee Company. We zullen de winkelstraat inrichten volgens het model *Wereldpassage met mediterrane uitstraling*. Binnenkort zullen de camera's teruggeplaatst worden in de straat. Er zal een uitsterfbeleid gevoerd worden voor de avondhoreca in de winkelstraat. Belhuizen worden zeer frequent gecontroleerd. In een aantal gevallen heeft de burgemeester op grond van openbare orde zo'n zaak laat sluiten. Recentelijk doen we aan preventief fouilleren en geldt er een messenverbod volgens de algemene plaatselijke verordening. Repressie dient hand in hand te blijven gaan met stadsvernieuwing. We gaan op een effectieve manier samenwerken om de problemen achter de voordeur aan te pakken. Kinderen die 's avonds na tien uur op straat rondhangen, worden van straat geplukt en thuis afgeleverd. Als de kinderen tegenstribbelen, wordt de wijkagent ingeschakeld om nog eens, op iets barsere toon, hun adres te vragen. Meer koopwoningen duidt op een potentiële doelgroep die meer te besteden heeft. Er dient ingespeeld te worden op de toekomstige bewoners. Een aantal kleinere woningen zal worden samengevoegd. Zo is een omslag herkenbaar van voornamelijk kleine, goedkope huurwoningen naar grotere woningen en koopwoningen. Een wervende prospectus met informatie over de bevolkingssamenstelling kan dienen bij de acquisitie van activiteiten. De omvang van de goedkope huurvoorraad neemt af met ongeveer 1300 woningen. De buurt wordt in toenemende mate gezien als een buurt waar het leuk is om te wonen en als een buurt met toekomst. Ouders worden er op gewezen dat het voor hun kind niet goed is om zo laat op straat te zijn. Zodra een jongere bekend is, komt hij in een traject van de gezinsbezoekers. Als er geen verbetering optreedt, volgt een zwaarder traject. De praktijk leert dat we bijna elk gezin binnenkomen. De advocaat van de milieuactievoerders beweert dat in elk alternatief voor het beleidsplan *Wereldpassage* de bomen zouden worden gekapt. Volgens de advocaat stond de kap dus al van tevoren vast en was niet onderhandelbaar. Als de kap van de bomen niet doorgaat, wordt de 2 miljoen subsidie die beloofd is voor de *gentrification* van de buurt, ingetrokken.

◆

De nieuwe bomen staan samen met het straatmeubilair op één heldere lijn. De onderlinge afstand is 20 meter. De keuze voor de boom is gevallen op de acer rubrum, red sunset, die ongeveer 15 meter hoog wordt. De stoep is verbreed en heraangelegd met nieuwe tegels van gemêleerde steen, gelegd in elleboogverband, en een trottoirband van antraciet. Een markeringssteen duidt de uitstallingenstrook vóór de winkels aan in de stoepzone. De vroegere schuine parkeervakken zijn in de lengte langs de stoep achter elkaar geplaatst en de rijbaan is versmald. Er zijn nieuwe straatlantaarns met mogelijkheid voor het hangen van camera's. Het meubilair op het plein is conform de hoofdstraat. Er zijn drie fonteinen aangelegd en bankjes geplaatst van het type canapébank, de standaardbank in de buurt. In de bestrating van het pleinvak worden cirkels om de bomen en om de fonteinen gelegd. Uit sommige cirkels komen natuurstenen verhoogde zitelementen die een deel vormen van de cirkels en uitkijken op de fonteinen. De twee boomsoorten die bestemd zijn voor het plein, de acer rubrum, autumn flame, en de Japanse noot, vullen elkaar mooi aan in kleur, structuur en formaat.

SKLIM NYMZ CMO NYMZ TYES OLIE SMO PENGO MOES SHEA TYES EDNDLS MUSTAFA CMO MUTLU SEIZ CMO TYES CROK TOFU IS LIFE TYES 2010 FMP CMO SAF HIV HOER DOOD MTS FACS JENS1 EDGE EDGE PASOET ROBOW JUGU ATB RAZ SHAMO ROBOW RAZ MIA HE PAB ENOX PAX PAB DUD SAF HOER DOOD DUD NOUSO RULIONE ESZK ABUSE TWICE ZKN BEC REPAY SNE NOUDDFF DD RENGO OMCE THINK HAPPY THOUGHTS FUL BABOEZ BHOZ AFCA FUCK YOU VT OMCE SAFIRA HIV HOER USINO DHK SAFIRA HIV HOER DOOD NL SAFIRA HIV HOER DOOD TM TM FW VT JBCB STB FAG LOVE YOU HE WAS HIER DOOD JAKE OMCE SISSIO RASD CBS DOYAS FAR KERO SMS SUSSR TOKE ATZE CBS JAKE SDF ACAB JAKE VTN CTN SR BAC TOKE EDGE WAAR IS VINCENT SWEK IBIS FW JAKE HORIS IBIS MUSE IBIS FW MTS PW TAM 34 JAKE SWEK WELKOM IBIS TAM MORZ MEUS MORZ FW GAME RUFF 2012 SMROS MIKE SNO FW BBB QIYZ KERO AIZE JIBI JBCB FW FW TWICE FW FW GMS SMS SMS SMS SMS BORF ZARR SKY BONGO RSMTSNS BORF SKY CFH AOD OMP OSD SKY SMS SMS BOTL FW IBIS SMS IBIS SOFER IBIS SKEE SKEE ATB OMCE SRUIR DIE OSD TAEA OMCENT SAMSON JANOS SKY ROFLT IBIS SKEE FW STOP ME BEFORE LD IBIS JAKE SPOKES FOLINE IBIS JAKE JAKE REPAY ABUSE SMS AMS OSO SMS ST ST PLOPLO SMS BOK ROFL FW ESER HNG SWATE UPSC KAPITALISM YAY KOTNY UPSC HORIS BUK KOTNY UPSC JC SK ROFLT KOTNY UPSC SWATE PAB HNG EXCCE KANKER ROFL JAKE 8R RAT ROFLT FCC SK ROFLT NES JUGE EDGE RDS ASDE VEG LD TB2005 TSF CSP PONE SMS 2012 PONE DE MENEER IS DE VERDACHTE LOVE HHHH ZPC TOETET ENESRACHA BITCH FW BORF ROFL SMS NATE LATE SOK BOK SMS ROFLT ROFLT HORIS SIMONE DIE KOOSIE HIOHKSU SMS SCAPE NO SMILE SMS OLLIE OSD MADAME FLORA OSO MADAM SMS OSD SMS ROFL AFCA HEB JE HAAST NEEM EEN OMWEG NTB ASB SMS LUUK SMS JC SMS SMS SMS ROFL AME ESEK GEY LOVE SMILE ZWOELE ZATERDAG FEESTJE NACHT NA PARCOUR SWEET STREETS POETRY DADELIJK GAAN WE ECHT BOK NICU GMG GMG DFK MERCY ITEMS ZOO SES BOK SMS SMS SMS BBS CUT AMO EVK RRLE SRC ALLIBE ROFL BOK ROFL WAW I LOVE MO HABIBA LDCREW 2009 FW OSD HALLO MENSEN RUB KAM CAGO HEBRINA ISABELLA FW FW FW VT FW MIKE EN ZAKA ZAKA MIKE OMCE AGE FW RTLN AGE AGE OPC 2009 VT ASO ASO PAK VT PAK SKUNK VT THINK DEUR RAINMAN KATEO

ASF FW VT PAK ONCE HIROCK DREAM PEAZ CARLOS FUMS JAKE TPS HALLO LOVE YOU OMCE BUTZ DREAM OSD SOCER FACE A9 PHASE TM TROE OMG OMCE FACS TROE UTP OSB UP TO PUNX 2012 JFP NUMB RUDE DNA OMCE ESEX EBS BKS NS FW BBRS FW PAB BRAK OMCE EDGE DJE STOP ME TROE FACS TROE OMCE OMCE IHAW TWC NAMZ SKEE SKEE SHANE AZO ESOR OLIE OS DTROL RENEK EKCES CBS EDGE HERSINA IS DOM FUMS NICOLE LENO DIED SMUT GO DIED LENO SMUT PAK COV SMUT LENO SMUT KH DUD JAKE LENO DIED BREAKM EDGE JUGU ATB RAZ SHAMO ROBOW RAZ CHIWIZ EDGE SKIZIO SHAMONS ROBOW PHASE OMB RAZ RAZ JUGE ROBOW PENOY ATB OMB RAZ ESA RFC BUBR UNRIH RAZ PHASE BREAKM THE PADDED CELL CALLED THE SOUL BONGO BONGO CHIWA SHAM KOOL SKEE OMCE FUMS SKEE BETOVEREND TURKIJE SCREEZ CHIWA YEN LDR EMOX AYZ ATB OMCE SIX 3.14 TO PROTECT AND TO SERVE FW KINGKONG HOWZBOWZ MUSIC FW MEZJE FUMS BRT SKEE MTS OMCE SKEE EDGE BIG ACE DAOR KOOL SKEE ATB MOLAKKO MOLAKKO SHAME O FW BS JBUS MTS CATFFE SHAME SINO PHASE DUP SWEK MOBE VANDAS GEBKO ZPC GEBKO SAID ZPC HOER IS EEN HOER MOOI NIET DAP DAP TS TS PAX REAGE FU NAKE ZERX SHAME MERVE GEBKO EMATIMO HA MMED BACH S CENO UH U GERE FUCK CASTAR ESO APPEL HOOFD IS EEN HOMO DOR DO SUDE KADI POEP WAAR IS WAAR IS SR FDS WAAR IS GA POEPEN WAAR IS CC FUCK FUCK SUNA Y ABDEL NET LOSER DAS DMCO A TNO SCEL FW FW FW SAFIRA HIV HOER DOOD SAFIRA HIV HOER DOOD SNOT 81 RULES 81 DOLFYNTIE SCAFFA ROHY IKE BO MM ARLETTE FW PAK MOHAMED EM EMRO SRUIR SPAZ OREK MBH FW YOEHE RYAN CHIM IA IK WAS HIER PC NISA VT VT ESC SND NHDOR 26 SKEE 107 SKEE TLPMTS NYO BAR RENGO PAK NYO TKC TKC ANBO CNHLZ MOHAMED SAHIC SAHIC DOD ROME SKEE OMCE OSD MALS MACHO VT MSP DOS CANOT DHM MEBO ADI CMO JANICK EN MELANIE LOVE NURD JANICK MAFKEES SAFAT IK KEN JE NIET KONINGINEDAG JANICK VT VT MTS KH SAZE FW ETTR CAS KH SAFIRA DOOD VISSER WSR NYO KH FW OMCE ROE KH FACS FW VT DHK OSB OPS OPS OMCE KH CAWO HNG NINA 25 24 05 VT OMCE ANBOO SHEA RENGO DOZ BAO TWC PAB BWC RIXE TAM AOC GOA FACS IAG SKEE OLD BOYS OSD OASE DODE WERELD MOOX LA IRA OSD DOOD HIV SAFIRA DOOD HIV HOER MTS SF DOOD KH DJ LIONKING

PAYSOE AFW 2010 MTS ASF ACE MOOI BOY SKEE SKEE MOOI MOOI JEVAINEY WAS HERE OMCE FACS SKEE MTS OSD SOFER VT SINO SOFER RAZ HAYAR SAFIRA DOOD HIV HOER FUPS JERA JONAS JONAS ALARSA BLOED OXO FW DOD DOD DOD DOD KNICKS VT OMCE SHAMO TSL RALPH VT SAZE DNA SHIT SF DOOD FOG SKEE LISA NOFNES LAYLA NAIMA SAMA BALAR VT DX GLS VT VT BRAK VTS WELKOM LENTEN NBK IBIS SAF DOOD FUCK NGS NIC NIC OOST BOOGIE SMS SMS BOK SRE FW FAK ROFL ROFL SMS SB SF DOOD SOUKY BOBO BOBO DHK OSD CHIMA FW MTS FUPS ROS FUPS OSD AIMER KERX FUM TROL OSD TROL BB SMS BIRD SOU JE BENT ZO LELIJK HAHA LEUK VOOR JE OSD MB MB MB ACAB ACAB FUCK COPS DONT FORGET TO BRING A TOWEL PEBHINE ACAB SMS SMS AMS ISMAIL WELKOM DOP EASTSIDE ZARAH ZARAH ZARAH AQSA EDA SAMAN ZARAH DOOD RYAN ROS SAFIERA HIV HOER DOOD OMB SMS SAFIRA HIV HOER OMCE POP HIER HAHA HIER MORZ POEP BRAZIL HEAT ROBERT DE NIRO BROKEN ARROW KARAKAN EVER ASK GSM AMS SKEE JAKE LUF MAS PAB FUMS OMCE PAK OMCE TWICE ESEK SKEE BYF LD JAKE JAKE SOEH ROOZ NEUZ IC NBK TROL CUNBA EPI CHAIMS CHAIMS AIMER EMOX SUKKEL ATB BRAK KUT LUL ESONE SKEE TUUC PAB FW AME TAM SONEA

•

The design of the neighbourhood appears messy. The retail offer is unvaried. The buying orientation of the population is strongly focussed on the local shops. The people do almost all their daily shopping in their own neighbourhood. In the sector food, there are many small supermarkets and shops offering foreign food products. Non food is characterised especially by shops offering clothing fabrics, household goods, telecom and call shops, laundrettes, beauty salons and travel agencies. The catering industry is mainly situated within the evening trade. The catering establishments are of a low quality and are spread throughout the area. There is a lack of high-quality daytime catering facilities. The quality of the entrepreneurship is substandard. The appearance of the shop windows is mediocre. The floor area of many shops is too small by today's standards. At present the retail function in the high street is interrupted in various places by other functions. It also lacks special features that can attract a crowd. In the SWOT analysis the unvaried retail offer forms a threat to the neighbourhood. The traffic chaos in the high street is high. The training level of the entrepreneurs is low. The tree beds cause the ground to subside. The angled parking spaces make parking dangerous for car drivers and cyclists. The quality of the products leaves much to be desired. Moreover, articles are sold which are not in the line of business. For example, there are bakers who sell wooden planks in the back of their shop. The design of the neighbourhood appears messy. This is caused by the fragmented application of green spaces. In some places trees are missing along the roads. The railway embankment has a disjointed appearance because of the application of various shrubs and trees. Some squares are fragmented and have an unquiet appearance because of the occurrence of small green spaces. Many back gardens are packed with illegal buildings. The quality of the public space is low. At present the main square is small and has a number of problems such as drug trafficking and loitering. At present the main square does not play the role of a central meeting place. The composition of the housing stock in the neighbourhood is very unvaried. The housing consists mainly of small cheap rental houses. More than one in four households is living on or below the social minimum standards. The percentage of cheap rental houses in the neighbourhood has to be reduced. The shops are still mainly oriented towards their own local customers, and this must change. It is worth making an inventory of the shop-property owners. We should aim for the letting of premises to those entrepreneurs that we wish to attract. We strongly encourage small-scale business. It is relevant to buy two or three adjoining properties, to be able to create larger retail spaces. With these larger spaces, a different type of entrepreneurship can be attracted. The board acknowledges that the elm trees are characteristic of the high street. The board is of the opinion, however, that the current elm trees of different species, sizes and ages, give a fragmented and untidy impression. The green structure does not match the desired urban appearance that was established in the green policy. Large elm trees with dense foliage are scattered throughout the neighbourhood and take away the view of the characteristic buildings in the shopping street. The appearance of the street is further disturbed by small elms of as many as four different kinds. We will draw up a plan of attack. In the plan of attack measures are included to remove undesired functions from the street. In the plan of attack measures are included to increase economic activity in the street. One could also think of excluding certain kinds of entrepreneurs. Thanks to the new law administrations can refuse or revoke licenses and subsidies, and choose not to award contracts. The existing call shops and catering facilities have been screened. Against over 75% of the investigated venues there appeared to be strong objections. Priority is given to removing these rotten spots. A part of the elm trees is sick and has to be cut. For the redesign of the street 36 elms will be moved to another place. The remaining elms have to be cut because they are not suitable for transplanting. By planting smaller, similar, uniform trees, we will gain a better organised whole. We recently started tackling the call shops. The large concentration of call shops dominates the street. A call shop is easy to start. One does not require any qualifications and does not have to make any investments. Call shops are part of the 24-hour economy and often have a social function. Call shops have a suitable infrastructure for informal banking. In itself informal banking meets a legitimate need. It makes it possible for people to transfer money to countries in parts of the world where there are no official or trustworthy banks. The problem, however, is that there is no control of the money transactions. So the use of the infrastructure by criminals is a risk. The use of properties for running call shops will therefore be prohibited in the neighbourhood. There can be flows of money there that you have no idea about. In some cases informal banking has been connected with terrorism. For a good development of the high street, it is important that an uninterrupted shopping area is formed. High-quality daytime catering facilities make the street more attractive to day trippers and tourists. A promotion plan will convey the message that the shopping street is indispensable for residents and attractive to others. The multicultural retail offer is valuable and needs to be cherished. The local economy could be given a boost if the present retail offer was increased with a few well known chain stores. In the present church building, in which also a charity food bank is located, a charming bazaar could be made. As a solution to nuisance and crime it is proposed to close the 24-hour shops. By including shops that can pull a crowd and placing some familiar anchors in the elongated shopping area, continuous suspense is created. It is the ambition to add to the existing restaurants catering which supports shopping activities and which is of a distinctive character. One could think of a Coffee Company. We shall design the street according to the model *The World's Arcade with Mediterranean Flair*. Soon the security cameras will be placed back in the street. We will pursue a policy in which the evening catering industry in the shopping street is extinguished. Call shops are frequently checked. In some cases the mayor has been able to close one of those businesses on the basis of public order. Of late we have been carrying out preventive searches, and there is a ban on carrying knives determined by local regulations. Repression should continue to go hand in hand with urban renewal. We will collaborate effectively to address problems behind the front door. Children who hang about on the streets after ten o'clock in the evening will be picked off the street and brought home. If the children resist, the local police is called to ask them again, slightly more sternly, for their address. An increase in owner-occupied properties indicates a potential target group that has more money to spend. One should take advantage of the needs of future residents. A number of smaller houses will be merged. A shift can be seen from mainly small, cheap rental housing to bigger apartments and owner-occupied properties. A promotional prospectus with information about the composition of the population can be of use in the acquisition of activities. The size of the cheap rental housing stock is decreased by about 1300 homes. The neighbourhood is increasingly seen as an area where it is nice to live and as a neighbourhood with a future. Parents are reminded that it is not good for their child to be out on the streets so late. Once a young person is known to us, he will be placed in a welfare programme. If there is no improvement, a heavier programme will follow. Experience shows that we are able to enter almost every family. The lawyer of the environmental activists claims that in every alternative for *The World's Arcade* policy plan, the trees would be felled. According to the lawyer the cutting of the trees had therefore already been established beforehand and was not negotiable. If the cutting of the trees is called off, the subsidy of 2 million that was promised for the gentrification of the neighbourhood, will be cancelled.

•

Together with the street furniture the new trees form one clear line. The distance between them is 20 metres. The tree that was decided upon is the acer rubrum, red sunset, which can grow to a height of 15 metres. The pavement has been widened and rebuilt with new tiles of mottled stone, placed in a herringbone pattern, and a curb of anthracite. A marker tile delineates the area on the pavement in front of the shops where shopkeepers can display their products. The earlier angled parking spaces are now placed in a row along the length of the pavement, and the roadway is narrowed. There are new street lamps that allow hanging up security cameras. The street furniture in the square is in conformity with the high street. Three fountains have been constructed and benches have been placed of the type settee, the standard type of bench in the neighbourhood. In the paving of the square circles are placed around the trees and the fountains. From certain circles elevated stone seating units arise which form a part of the circles and look out on the fountains. The two trees intended for the square, the acer rubrum, autumn flame, and the Maidenhair, complement each other nicely in colour, texture and size.

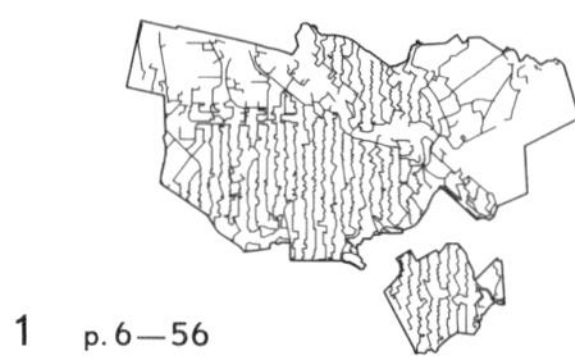

1 p. 6—56

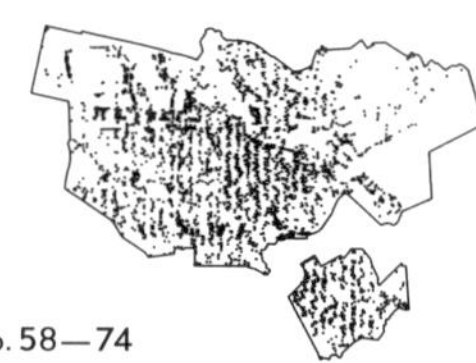

2 p. 58—74

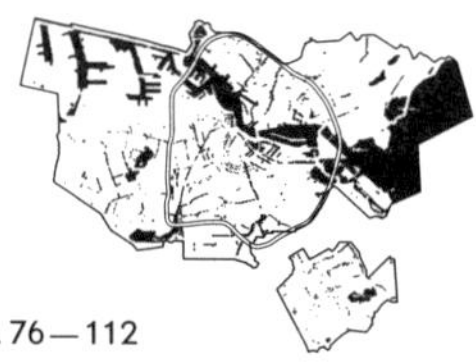

3 p. 76—112

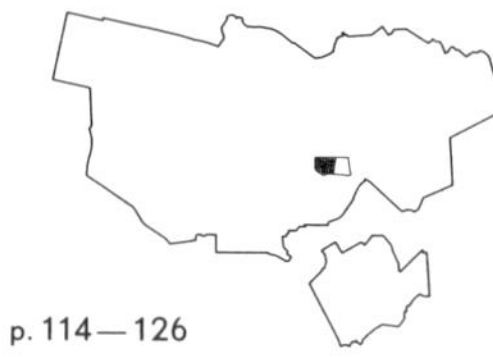

4 p. 114—126

1 + 2

lijnen gelopen en fenomenen geïnventariseerd in Amsterdam in 2010

lines walked and inventory of phenomena made in Amsterdam in 2010

3

de route van de ring A10 in Amsterdam, gelopen in 2009 en 2011

the route of the ring road A10 in Amsterdam, walked in 2009 and 2011

4

handgeschreven teksten gevonden in de publieke ruimte van de woonwijken in de Indische Buurt in Amsterdam, geïnventariseerd in 2012 en citaten uit beleidsteksten, projectvoorstellen, krantenartikels en onderzoeksrapporten verschenen tussen 2002 en 2009 rond de herwaardering van de buurt

handwritten texts found in the public space of the residential areas in the Indische Buurt in Amsterdam, inventory made in 2012 and quotes from policy documents, project proposals, newspaper articles and research reports which appeared between 2002 and 2009 about the gentrification of the neighbourhood

Een woord van dank gaat uit naar Wim Cuyvers, Maartje Dros, Jozua Zaagman, Freek Lomme en de Jan van Eyck Academie voor het inspireren en context bieden aan een onderzoek dat zes jaar geleden is begonnen en voorafging aan het verschijnen van deze publicatie.

I would like to thank Wim Cuyvers, Maartje Dros, Jozua Zaagman, Freek Lomme en de Jan van Eyck Academie for inspiring and offering a context for a research project which started six years ago and which preceded this publication.

Onomatopee 75.2.2 • Cabinet Project
De ongedeelde stad / The Undivided City
door / by Jacqueline Schoemaker

Tekst en kaarten / Text and maps
Jacqueline Schoemaker

Eindredactie / Final editing
Jacqueline Schoemaker, Freek Lomme

Grafisch ontwerp / Graphic design
Arthur Roeloffzen

Druk / Printing
Lecturis

Oplage / Edition
500

Met dank aan / Special thanks to
Ellen Zoete

Onomatopee
Bleekstraat 23
NL 5611 VB Eindhoven
Nederland / The Netherlands
www.onomatopee.net
info@onomatopee.net

ISBN: 978-90-78454-86-1